500件
可写的事
新媒体灵感写作训练书

刘丙润 / 著

化学工业出版社

· 北京 ·

图书在版编目（CIP）数据

500 件可写的事：新媒体灵感写作训练书 / 刘丙润
著 . -- 北京：化学工业出版社，2024. 12. -- ISBN
978-7-122-45355-6

Ⅰ. G206. 2

中国国家版本馆 CIP 数据核字第 20244PP364 号

责任编辑：葛亚丽　　　　　　　　　　装帧设计：王　婧
责任校对：赵懿桐

出版发行：化学工业出版社（北京市东城区青年湖南街 13 号　邮政编码 100011）
印　　装：三河市双峰印刷装订有限公司
710mm×1000mm　1/16　印张 16½　字数 218 千字　2025 年 1 月北京第 1 版第 1 次印刷

购书咨询：010-64518888　　　　　　售后服务：010-64518899
网　　址：http://www.cip.com.cn
凡购买本书，如有缺损质量问题，本社销售中心负责调换。

定　　价：58.00 元

前　言

打开公众号，搜索"刘丙润"三个字，你便能轻松找到我。只需几分钟，我的主页便能带你领略写作的独特魅力。若你愿意留言或私信，我们将在这个纷繁复杂的世界里，如同寻得宝藏般，开启一段美妙的缘分。

关于"我们究竟需要怎样写作？"这一问题，我时常陷入深思。有人追求写作带来的经济收益，梦想着通过文字实现副业收入破万；有人则视写作为心灵的寄托，用文字记录生活的点滴，提升自我，留下美好的回忆。每个人的写作之路都独一无二，我无法一概而论。

但我坚信，写作的前提是拿起笔，开始写。这也是我撰写这本书的初衷。从2014年在新媒体平台初试写作，到2024年完成此书，我已在写作之路上跋涉了整整十年。十年间，我凭借写作实现了月入过万的梦想，目前已经出版了九本书，更因此开设了工作室和公司，使写作从副业逐渐成为我人生的重要篇章。但我并不认为自己比别人更出色，我相信只要你肯付出努力，也能在写作的世界里取得自己的成就。

那么，为何我能取得这样的成绩，而鲜有作家能连续出版多部作品，甚至引导他人爱上写作呢？我认为，关键在于行动。许多人停留在"想写作"的阶段，却鲜少付诸实践。从"想写作"到"能写作"，中间只差了一步——那就是勇敢地迈出那一步，开始写作。

为了帮助你迈出这一步，我精心编写了这本写作灵感的主题训练书。书中将日常生活中的点滴灵感串联起来，为热爱写作的你提供源源不断的素材和动力。

这不仅是一本简单积累写作素材的训练书，更是一本脑洞大开的创意之书，当你不知道写什么的时候，写作方向与写作灵感的提示部分将会帮你开启深藏在大脑中的想象力，进入一个未知的世界。

除此之外，本书还设有【减压涂鸦】版块，在这里，你可以随意创作，写一写负面情绪、脑洞狂想，抑或是平时想都不敢想的疯狂小事。如果还是写不出来怎么办？那就画！不会画？那就涂鸦！我会在【减压涂鸦】版块给出提示，如果你没有灵感，可以根据提示写写画画；如果你有自己的想法，那就忽略我的提示，自由发挥吧。总之，这个版块是完全属于你的，尽情享受写作带来的乐趣和成就感吧。

最后，我衷心祝愿每一位热爱写作的小伙伴都能在写作的路上越走越远，取得令人瞩目的成就。愿我们都能在写作的顶峰相见！

第7章 图文创作者可创作的3个日记类体裁

第8章 图文创作者可创作的7个剧本杀体裁

第9章 26个付费IP类体裁灵感写作训练

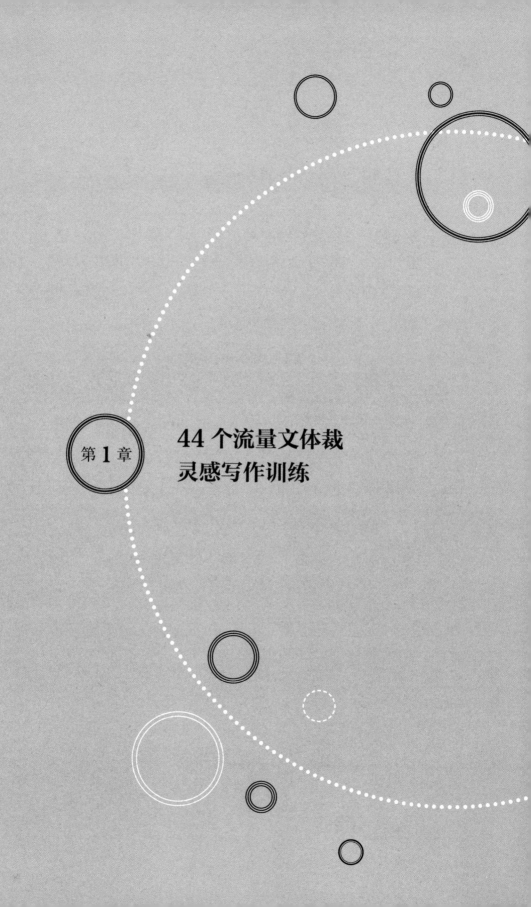

第 1 章

44 个流量文体裁
灵感写作训练

1.1　9 类 44 个流量文体裁讲解

流量文体裁共分为 9 类，44 种，见表 1-1。这 44 个流量文体裁，具备三个共性。其一，只要有流量就有收益；其二，创作难度不大；其三，每篇文章的字数 1500 ～ 2000 字即可，我们可以挑选适合自己的体裁进行独立创作，对新手而言，创作难度也较低。

表 1-1　9 类 44 个流量文体裁

职场选题	教育	游戏	美食	体育	育儿	历史	科学	娱乐
职场人际关系	小学教育	现代爆火网游	美食制作	乒乓球	母婴	秦朝历史	自然科学	娱乐明星
职场人性	中学教育	经典单机游戏	美食品尝	足球	宝宝辅食	楚汉之争	社会科学	当代网红
职场高效办公	大学教育	游戏通关攻略	美食介绍	网球	婴幼儿教育	汉朝历史	思维科学	过气网红
职场技能提升	大学生就业教育	游戏账号交易	美食与文化的关系	其他赛事	婴幼儿衣食住行	三国历史		
职场兼职副业	社会教育			国内体育竞技	孕后恢复	唐朝历史		
				国外体育竞技		宋朝历史		
						明朝历史		
						其他历史		
						世界历史		

1.2　职场类选题灵感写作训练

职场类选题一直都是流量文热门领域，且老少皆宜，原则上读者只要步入社会都会关注职场类选题，无论是职场人际关系还是兼职副业都能吸引读者注意。职场类选题总计分为 5 种，分别是职场人际关系、职场人性、职场高效办公、职场技能提升、职场兼职副业。

1.2.1　职场人际关系

职场人际关系是职场类流量文的一种，其核心在于解决职场中人与人之间的利益和矛盾纠纷。

【写作技巧】

以第一人称代入，讲解自己如何妥善处理职场中的人际关系，引导读者阅读，切忌带入过多负面情绪以及职场的负能量事件！

【写作方向与写作灵感】

写作方向：职场中领导与员工的上下级关系

练习：作为公司管理层，你会如何维系与员工的关系？

写作方向：员工之间的合作与竞争关系

练习：请描述一下你目前的职场人际关系。

写作方向：职场中因人际关系导致的各种冲突

练习：入职后与同事发生矛盾，应该如何解决？

写作方向：职场团队合作或团队竞争等方向

练习：面对同事的恶性竞争，你会怎么办？

1.2.2 职场人性

职场人性是职场类流量文的一种，其核心在于树立职场正确的价值观念，引导职场新人去说正确的话，做正确的事。

【写作技巧】

通过讲述职场中关于人性的案例，使读者自发代入到职场剧情中，通过对职场更深入的了解，使读者更好地应对职场的挑战和危机。

【写作方向与写作灵感】

写作方向：职场中关于公平、正义、诚信、责任、利益等相关方面的博弈

练习：你辛苦做的项目，被同事冒名顶替，你会如何维护权益？

写作方向：职场中的道德伦理问题

练习：假设某天公司给你多发了 3000 元工资，你会怎么办？

写作方向：职场中需求、情感、动机、认知等方面的延伸分析

练习：职场中想提升自己，你需要做哪些努力？

写作方向：职场中成功人士、失败人士的性格、品行拆解

练习：你周边哪些同事是从基层员工一步步做到高管的，他们是如何做到的？

1.2.3 职场高效办公

职场高效办公是职场类流量文的一种，其核心在于帮助职场员工高效率完成任务，提高业绩，获得更好的职场发展前景。

【写作技巧】

通过科普的方式讲解职场中哪些办公软件能提高效率，哪些语言技巧能减少沟通成本，让读者群体读完这篇文章后办公效率更高，既能提升业

绩，又能增加收入。

【写作方向与写作灵感】

写作方向：职场办公高效工具

练习：你运用过哪些高效办公工具解决棘手问题？

写作方向：项目管理高效工具

练习：你运用过哪些项目管理方面的高效办公工具解决棘手问题？

写作方向：如何高效率地组织一场会议

练习：如果让你组织一场会议，你会怎样执行？

写作方向：高效率管理时间

练习：作为职场人，你有没有办事拖沓的经历？

写作方向：高效率做好沟通

练习：你认为该怎样提高职场沟通效率？

1.2.4　职场技能提升

职场技能提升是职场类流量文的一种，其核心在于提升职场员工的软技能和硬技能，使其更好地立足于职场中。

【写作技巧】

通过具体可实操的方式来帮助读者群体高效率地提升职场技能，包括但不限于职场中的软技能、硬技能，以及员工的个人成长和发展。

【写作方向与写作灵感】

写作方向：职场软技能

练习：你认为在职场中如何能提升自己的领导力？

写作方向：职场硬技能

练习：在职场办公中，怎样学习能够高效率地提高专业技能？

1.2.5　职场兼职副业

职场兼职副业是职场类流量文的一种，其核心在于提升职场员工的副业收入。

【写作技巧】

重点讲解分析兼职副业的可行性，尤其是可进行兼职副业的行业盘点及具体实施方案，要让读者群体在读我们的文章时有所收获。

【写作方向与写作灵感】

写作方向：能够带来副业收入的线上兼职、线下兼职

练习：你有哪些线上兼职的渠道？

写作方向：如何平衡主业和副业

练习：你是如何平衡主业与副业的？有什么技巧？

1.3　教育类选题灵感写作训练

教育类选题包括但不限于小学教育、中学教育、大学教育、大学生就业教育和社会教育等。虽然教育的群体不同，但进行内容创作时的方向大抵相同。

1.3.1　小学教育

小学教育是教育类流量文的一种，一般侧重于学生素质教育及学校与家庭的配合教育，对学生成绩方面不会过于侧重。

【写作技巧】

原则上建议以第一人称为主，重点讲解孩子在小学时可能会遇到的各种问题，以及遇到这些问题时的对应解决方案。

【写作方向与写作灵感】

写作方向：教育改革对小学生的影响

练习：你认为现在的孩子上学与自己那个时代有什么区别？

写作方向：家校合作对教育的重要性

练习：教育究竟是家庭的事还是学校的事，或者家庭和学校都需要承担责任？

写作方向：小学生德智体美劳全面发展

练习：你认为孩子应该优先提升成绩还是道德品质素养？

写作方向：小学教育中教师及学校起到的重要作用

练习：你认为学校和老师哪一个在孩子发展过程中更重要？

写作方向：小学教育中家庭起到的重要作用

练习：在孩子读小学时，父母应该做好哪些事情？

1.3.2　中学教育

中学教育是教育类流量文的一种，一般侧重于学生成绩的好坏，尤其是初三和高三这两个极其特殊的教育阶段，家长和学校往往更加重视。

【写作技巧】

原则上以第一人称为主，重点讲解孩子在中学时可能会遇到的各种问题，以及遇到这些问题时的对应解决方案。

【写作方向与写作灵感】

写作方向：中考或高考改革对学生的影响

练习：你认为现在的高考和自己那个时代的高考有什么区别？

写作方向：家庭教育与学校教育的区别

练习：孩子读高中时，作为家长，应该怎样教育帮助孩子？

写作方向：如何提升孩子的学习成绩

练习：你认为孩子怎样做能快速提升学习成绩？

写作方向：父母如何帮助孩子提升成绩

练习：孩子在高考冲刺的过程当中，父母应该怎样做？请列举 3 件事。

1.3.3　大学教育

大学教育是教育类流量文的一种，一般侧重于学生挑选专业和大学毕业就业问题，这两个方向往往更能够抓住读者眼球。

【写作技巧】

在进行图文创作时，应把重心放在选专业和就业两个核心环节，同时适当地讲解孩子第 1 次离开原生家庭，前往陌生环境学习时可能会遇到的各种问题，以及遇到各种问题的具体解决方案。

【写作方向与写作灵感】

写作方向：高中毕业后的择校问题

练习：高中毕业后选择一个好专业重要，还是选择一个好大学重要？

写作方向：大学教育政策及改革问题

练习：自己的孩子或亲友的孩子在读大学时容易遇到哪些问题？

写作方向：大学毕业后的就业问题

练习：你认为大学生毕业之后应该去找工作还是去创业？

1.3.4 大学生就业教育

大学生就业教育是教育类流量文的一种，它包括两个方向，即大学生教育和大学生毕业期间择业就业教育。

【写作技巧】

高校的在校生即将毕业时会有校招，而高校在这期间也会积极安排辅导员与学生对接，帮助学生找到适合自己的岗位。所以我们直接把大学生在大学期间接受教育，以及大学毕业时找工作合并在一起创作即可。

【写作方向与写作灵感】

写作方向：大学教育与高中教育的区别

练习：从高中到大学，学生的心态会发生哪些变化？(试着写出自己当年的心态变化。)

写作方向：大学教育如何能提升学生在学习上的自主性

练习：有人说"大学更多的是学生自主学习"，你对该观点有何看法？

写作方向：大学相关专业的教育

练习：你认为哪些专业在大学毕业后更好找工作？

写作方向：大学生毕业后择业教育

练习：你认为大学生在找工作时需要注意哪些问题？

1.3.5　社会教育

社会教育是教育类流量文的一种，其核心在于处理除学校教育以外的所有教育问题。

【写作技巧】

社会教育分为两类，一类是被动教育，另一类是主动教育。被动教育一般是因工作需要不得不接触的教育，而主动教育一般是个人想突破现有极限所做出来的自主学习计划。

【写作方向与写作灵感】

写作方向：职场兼职副业或专属技能教育讲解

练习：你是否为自己的兴趣进行过知识付费？

写作方向：终身学习与职业发展

练习：你如何看待终身学习这件事？

写作方向：特殊群体的社会教育

练习：你身边有没有聋哑人学校？请阐述这些学校存在的重大意义。

1.4　游戏类选题灵感写作训练

游戏类选题的读者以年轻人居多，部分单机游戏或怀旧游戏的读者群体会有所变化。这就意味着我们在做游戏内容的同人创作时，更多的是以游戏策略或游戏推荐为主。游戏类选题，总计分为以下 4 种。

1.4.1　现代爆火网游

现代爆火网游是游戏类流量文的一种，其核心在于讲解当下比较火爆的网络游戏，吸引正在玩该类游戏的玩家注意，从而带来流量。

【写作技巧】

按照近几年的游戏发展规律来看，几乎每年都会有 2 ~ 3 款爆火游戏。我们需要做的是了解爆火游戏，讲解爆火游戏。

【写作方向与写作灵感】

写作方向：当下爆火游戏的爆火原因分析

练习：最近三个月最火爆的游戏是什么？分析这款游戏为什么如此火爆？

写作方向：游戏市场需求度分析

练习：你认为成年人最需要的是什么类型的游戏？请阐述原因。

写作方向：国内外游戏的文化融合与冲突

练习：你认为哪款游戏最具有文化底蕴？原因是什么？

写作方向：国内外网游的特色分析

练习：你认为国内策略游戏和国外策略游戏的主要区别是什么？

1.4.2　经典单机游戏

经典单机游戏是游戏类流量文的一种，其核心在于讲解过去数十年间出现的各类单机游戏。

【写作技巧】

近年来游戏越来越多，可经典的单机游戏数量占比很少，但几乎每一款都曾是游戏人的最爱，在创作时要注意挑选适合读者的游戏。

【写作方向与写作灵感】

写作方向：经典单机游戏大盘点

练习：你最喜欢玩的单机游戏是哪几款？

写作方向：单机游戏通关攻略

练习：你知道《超级玛丽》这款单机游戏的通关攻略吗？

写作方向：经典单机游戏历史价值分析

练习：你如何看待 20 世纪爆火的单机游戏内存极小这件事？

1.4.3　游戏通关攻略

游戏通关攻略是游戏类流量文的一种，其核心在于通过几段简短直白的对话或教程来帮助游戏玩家快速通关。

【写作技巧】

每一款游戏都有通关攻略，我们要尽最大可能讲解简单易操作的通关攻略方式，不要把简单的内容复杂化，读者一般没有太多的精力去阅读长篇大论的内容。

【写作方向与写作灵感】

写作方向：热门游戏的关卡分析

练习：请拆解《魂斗罗》这款单机游戏前四关的关卡

写作方向：热门游戏的技巧讲解

练习：《俄罗斯方块》游戏如何获得更高积分？

写作方向：热门游戏的玩家心得

练习：《红色警戒》这款游戏，如何快速取得胜利？

1.4.4　游戏账号交易

游戏账号交易是游戏类流量文的一种，其核心在于通过平台、账号、个人背书来做游戏账号的担保交易。

【写作技巧】

游戏账号交易一定要在官方认证的平台上进行交易，小平台或私下交易有极大风险，在内容创作时要注意规避。

【写作方向与写作灵感】

写作方向：游戏账号交易市场现状分析

练习：你认为游戏账号网络交易最大的难题是什么？

写作方向：账号交易风险及防范分析

练习：游戏账号网络交易时，如何防止被找回？

写作方向：账号交易的合理合规性分析

练习：你认为账号交易这件事是否合理？

1.5　美食类选题灵感写作训练

美食类选题更多侧重于美食的制作和品尝，我们在做美食内容创作时要提醒读者群体，一粥一饭，当思来之不易。虽然现在粮食充足，但我们仍要传承节约粮食的美德。美食类选题分为以下 4 种。

1.5.1　美食制作

美食制作是美食类流量文的一种，其核心在于美食的制作方式及可实操的具体步骤。

【写作技巧】

一般以第一人称创作，且需要分步骤详细讲解制作某款美食的具体方法。

【写作方向与写作灵感】

写作方向：美食种类区分

练习：在你的家乡有哪些经典美食？

写作方向：美食制作步骤

练习：你知道正宗安徽牛肉板面的制作方法吗？

写作方向：制作美食时的技巧及注意事项

练习：西红柿炒鸡蛋如何做成酸甜口味的？有哪些技巧？

1.5.2　美食品尝

美食品尝是美食类流量文的一种，其核心在于对美食的品尝，不能只侧重于美食介绍。

【写作技巧】

美食品尝可以从口感和意境两个方面来表达，例如"口感软糯""品尝美食就像品尝人生"。

【写作方向与写作灵感】

写作方向：品尝美食的乐趣及意义

练习：你最爱吃的一道美食是什么？请简单介绍。

写作方向：美食品尝的经历

练习：在过去的 5 年里，你吃过的最美味的一道菜是什么？

写作方向：美食品尝的技巧

练习：去海底捞吃火锅时，如何调蘸料能让味道更鲜美？

1.5.3　美食介绍

美食介绍是美食类流量文的一种，其核心在于介绍某地特色美食或自己吃过的非特色美食。

【写作技巧】

美食介绍一般以特色美食为主，比如北京烤鸭、兰州拉面。

【写作方向与写作灵感】

写作方向：具有地方特色的美食介绍

练习：你的家乡最具地方特色的美食是什么？请简单介绍。

写作方向：流行美食介绍

练习：你认为湘菜和川菜有什么区别？

1.5.4　美食与文化的关系

美食与文化的关系是美食类流量文的一种，其核心在于介绍特色美食与历史文化的渊源，例如过桥米线。通常每一种美食的背后都有与之匹配的历史文化渊源。

【写作技巧】

几乎每一款特色美食都有与其相关的历史渊源，我们可以以第一人称亲身经历或第三人称旁观者视角来讲解美食与文化间的内在联系。

【写作方向与写作灵感】

写作方向：美食与文化的关系

练习：你了解过桥米线背后的故事吗？

写作方向：美食的深层内涵

练习：你认为一些地方特色的美食是凭空爆火的还是有其特殊背景？

写作方向：美食的历史渊源

练习：请简单讲解你们当地的特色美食的历史渊源。

1.6　体育类选题灵感写作训练

体育类选题重点描写体育竞技和体育竞技精神，也可以巧妙地涵盖一些热点体育赛事，以此来增加流量，但是要注意版权问题。体育类选题可以分为以下 6 种。

1.6.1　乒乓球

介绍乒乓球的相关文章是体育类流量文的一种，这一类体育赛事受众多、流量高，更容易写出爆款内容来。

【写作技巧】

乒乓球作为我国国球，普及度之高超乎想象，所带来的受众也超乎想象，是自带流量体裁。

【写作方向与写作灵感】

写作方向：乒乓球技术与策略分析

练习：你了解乒乓球吗？如果让你与一位职业选手比赛，你认为怎样才能得到 1 分？

写作方向：乒乓球选手与赛事拆解

练习：你最喜欢的乒乓球运动员是哪一位？阐述原因。

1.6.2　足球

介绍足球是体育类流量文的一种，这一类体育赛事受众多、流量高，更容易写出爆款内容来。

【写作技巧】

足球因为众所周知的原因，虽然不是我国国球，但是普及度也比较高，流量也较大。但是要注意，我们在内容创作时不应该过多讲解负面内容。

【写作方向与写作灵感】

写作方向：足球技术与策略分析

练习：在你看过的比赛中，你认为哪一场足球比赛最精彩？为什么？

写作方向：足球选手与赛事拆解

练习：你如何看待贝利在足球事业上取得的成绩？

1.6.3　网球

介绍网球是体育类流量文的一种，这一类体育赛事受众多、流量高，更容易写出爆款内容来。

【写作技巧】

网球在我国的普及度也较高，尤其是在各大高校，几乎都有网球的选修体育课。

【写作方向与写作灵感】

写作方向：网球技术与策略分析

练习：你知道网球的记分规则吗？如何在与一位职业网球选手的比赛中赢得 1 球？

写作方向：网球选手与赛事拆解

练习：你是通过哪一位运动员了解并喜欢网球的呢？

1.6.4　其他赛事

其他赛事也是体育类流量文的一种，除以上四大赛事种类之外，还有很多的体育赛事，我们都囊括到其他赛事中。

【写作技巧】

这些赛事我们建议以第一人称来做内容创作，重点讲解个人兴趣与运动健身等相关方向。

【写作方向与写作灵感】

写作方向：田径运动

练习：你了解田径运动吗？请简单讲解田径运动的赛事规则。

写作方向：赛艇运动

练习：你了解赛艇运动吗？请简单讲解赛艇运动的赛事规则。

写作方向：羽毛球运动

练习：你会把羽毛球当作自己的首选运动项目吗？为什么？

写作方向：篮球运动

练习：你打篮球的水平如何？你有没有要好的篮球搭子？

写作方向：自行车运动

练习：你喜欢骑行吗？你认为骑行最需要注意的是什么？

写作方向：击剑运动

练习：你了解击剑运动吗？请简单讲解击剑运动的赛事规则。

写作方向：体操运动

练习：你了解体操运动吗？请简单讲解体操运动的赛事规则。

写作方向：举重运动

练习：你喜欢看举重比赛吗？你认为举重比赛传递出来的文化内涵是
什么？

写作方向：曲棍球运动

练习：你了解曲棍球运动吗？请简单讲解曲棍球运动的赛事规则。

1.6.5　国内体育竞技

国内体育竞技是体育类流量文的一种，侧重于国内的体育赛事。

【写作技巧】

要注意，写国内体育竞技想要获得流量，往往需要写知名人物或知名赛事。

【写作方向与写作灵感】

写作方向：国内热点赛事提前预告

练习：最近 3 个月有哪些国内热点赛事？

写作方向：国内热点赛事数据分析

练习：请结合过去 3 年全国乒乓球锦标赛的战绩，分析出你认为最具潜力的乒乓球选手？

1.6.6　国外体育竞技

国外体育竞技是体育类流量文的一种，侧重于国外的体育赛事竞技。

【写作技巧】

国外体育竞技想要获得流量，也应该写知名人物或知名赛事。

【写作方向与写作灵感】

写作方向：国外热点赛事提前预告

练习：最近 3 个月有哪些国外热点赛事？

写作方向：国外热点赛事数据分析

练习：你认为最近一轮"英超"，哪一支队伍表现得最好？你认为他们夺冠的概率有多大？

1.7　育儿类选题灵感写作训练

当代父母对于子女的养育更加重视，科学育儿、健康育儿也成为社会的主旋律之一，同时育儿类选题的内容对读者的吸引力也非常大。育儿领域创作的最基础要求是：具备专业知识，绝对不能误导读者。育儿选题可以分为以下 5 种。

1.7.1　母婴

母婴类是育儿类流量文的一种，创作方向一般为母亲从刚开始怀孕到生下宝宝的一年时间内遇到的各类问题及解决方案。

【写作技巧】

可以以第一人称的亲身经历来讲，也可以从第三人称的旁观者经历来讲，但要确保内容真实有效。

【写作方向与写作灵感】

写作方向：父母的孕前准备

练习：准爸爸在备孕时有哪些注意事项？

写作方向：母婴健康常识

练习：准妈妈在怀孕时有哪些注意事项？

写作方向：母婴产品推荐

练习：准妈妈怀孕时腰椎疼痛，有哪些好的产品推荐？

1.7.2　宝宝辅食

宝宝辅食是育儿类流量文的一种，宝宝刚出生的几年，如何吃饭营养更均衡，如何吃饭更健康，是我们的创作方向。

【写作技巧】

创作者最好是作为过来人，以亲身经历纠正宝宝辅食添加方面的误区，并告诉爸爸妈妈们婴幼儿科学喂养的重要性。

【写作方向与写作灵感】

写作方向：辅食种类及营养分析

练习：宝宝初次添加辅食什么时间为宜？

写作方向：辅食制作技巧

练习：辅食是自己制作好还是去市场买好？

1.7.3　婴幼儿教育

婴幼儿教育是育儿类流量文的一种，婴幼儿教育又称为早期教育，也就是我们常说的早教。这一部分内容对新手爸妈来说尤为重要。

【写作技巧】

婴幼儿教育目前普遍呈现焦虑状态，创作者在进行创作时可以适当地让家长们宽心，并明确告诉爸爸妈妈们，过早进行学科类教育意义不大。

【写作方向与写作灵感】

写作方向：早教的具体方法拆解

练习：你见过最离谱的早教是什么？

写作方向：分析早教对孩子的影响

练习：你认为早教的意义是什么？早教真的能对孩子产生很大影响吗？

1.7.4 婴幼儿衣食住行

婴幼儿衣食住行是育儿类流量文的一种，这一类选题包括宝宝吃什么、穿什么等各种日常琐碎的事情。

【写作技巧】

要注意，不同家庭能承担的抚养孩子的费用不同，在内容创作时要照顾到不同家庭的状态。

【写作方向与写作灵感】

写作方向：婴幼儿穿衣分析及拆解

练习：3 岁的宝宝穿什么材质和款式的衣服更舒服？

写作方向：婴幼儿饮食分析

练习：4 岁的宝宝平时的饮食怎样搭配营养更均衡？

写作方向：婴幼儿居住环境分析

练习：如何保证让宝宝有一个优质的睡眠环境？

写作方向：婴幼儿出行注意事项

练习：带 3 岁的宝宝外出时有哪些注意事项？

1.7.5　孕后恢复

孕后恢复是育儿类流量文的一种，这一类选题包括但不限于母亲在生完宝宝后怎样做能够让身体更快恢复，同时减少生孩子留下的后遗症。

【写作技巧】

孕后恢复需要照顾到不同家庭的经济状态，有便宜的恢复方式，也有贵的恢复方式，创作时要注意区分。

【写作方向与写作灵感】

写作方向：孕后身体恢复指导

练习：妈妈生完孩子后，是否有必要去月子中心？

写作方向：孕后心理恢复指导

练习：妈妈生完孩子后，是否有必要找心理医生做心理疏导？

写作方向：产后恢复科普知识

练习：妈妈在生完孩子后的三个月里，有哪些事是必须做的？

1.8　历史类选题灵感写作训练

历史类选题非常特殊，部分时间阶段的历史内容读者基本没有兴趣，例如魏晋时期和秦朝以前的历史。主要是因为这一段时间的历史知名度不高。基于以上原因，我们把历史类选题分为以下 9 种。

1.8.1　秦朝历史

秦朝历史是历史类流量文的一种，其核心在于讲解秦朝的历史内容，侧重于分封制下的秦国和大一统的秦帝国。

【写作技巧】

秦朝作为第一个大一统帝国，对之后的封建王朝有极其深远的影响，可以以这个选题作为切入点来持续输出。

【写作方向与写作灵感】

写作方向：秦帝国的崛起原因及分析

练习：你如何看待秦孝公这个人？他在位期间有哪些政绩？

写作方向：秦帝国的陨落原因及分析

练习：你认为秦朝灭亡是因为胡亥？还是赵高？还是其他人？

写作方向：秦帝国的人物及事件探讨

练习：你如何看待嬴政"书同文、车同轨、统一度量衡"这一伟大政策？

1.8.2　楚汉之争

楚汉之争是历史类流量文的一种，其核心在于讲解刘邦、项羽两大集团为争夺政权而进行的一场大规模战争。

【写作技巧】

楚汉之争这个历史阶段有许多优秀的战略人物、军事人物和经典战役，这些都是很好的破题点。

【写作方向与写作灵感】

写作方向：楚汉关键人物分析

练习：你如何看待韩信被封为齐王这件事？

写作方向：楚汉关键战争分析

练习：你认为楚汉之争中，最关键的一场战争是哪一场？

写作方向：楚汉历史事件对后人的启示

练习：为什么那么多英雄豪杰愿意围绕在刘邦身边，而不是项羽身边？

1.8.3 汉朝历史

汉朝历史是历史类流量文的一种，其核心在于讲解汉朝的历史内容，侧重于汉高祖、汉文帝、汉景帝、汉武帝和汉献帝。

【写作技巧】

从历史解读的角度来给大家详细讲解汉朝的历史事件及历史人物。

【写作方向与写作灵感】

写作方向：汉朝的崛起原因及分析

练习：汉武帝北击匈奴成功的主要原因是自己的能力还是文景之治时的资源积累？

写作方向：汉朝的陨落原因及分析

练习：汉朝灭亡的主要原因是什么？

写作方向：汉朝的人物及事件探讨

练习：如何看待霍光这个人？

1.8.4　三国历史

三国历史是历史类流量文的一种，其核心在于讲解"魏、蜀、吴"三国之间的战事。

【写作技巧】

从历史解读的角度来给大家详细讲解三国的历史事件及历史人物。

【写作方向与写作灵感】

写作方向：三国关键人物分析

练习：刘备是真君子还是真小人?

写作方向：三国关键战争分析

练习：赤壁之战真的是三国时期的重大转折点吗?

写作方向：三国历史事件对后人的启示

练习：在赤壁之战这场战争中，我们能够学到什么?

1.8.5　唐朝历史

唐朝历史是历史类流量文的一种，其核心在于讲解唐朝历史，侧重于李世民、安史之乱、大唐盛世、武则天等历史人物及事件。

【写作技巧】

从历史解读的角度来给大家详细讲解唐朝的历史人物及历史事件。

【写作方向与写作灵感】

写作方向：唐朝的崛起原因及分析

练习：大唐盛世的奠基人是谁？

写作方向：唐朝的陨落原因及分析

练习：唐朝陨落的主要责任人是谁？

写作方向：唐朝的人物及事件探讨

练习：如何看待武则天这个人？

1.8.6　宋朝历史

宋朝历史是历史类流量文的一种，其核心在于讲解北宋、南宋的历史。

【写作技巧】

从历史解读的角度来给大家详细讲解宋朝的历史事件及历史人物。

【写作方向与写作灵感】

写作方向：宋朝的崛起原因及分析

练习：你认为赵匡胤和赵匡义，谁的军事指挥能力更强？

写作方向：宋朝的陨落原因及分析

练习：你认为宋朝陨落的主要原因是军事实力不足还是文人怯战？

写作方向：宋朝的人物及事件探讨

练习：你如何看待秦桧这个人？

1.8.7　明朝历史

明朝历史是历史类流量文的一种，其核心在于讲解明朝历史，侧重于朱元璋、靖难之役、崇祯皇帝、张居正等历史人物和事件。

【写作技巧】

从历史解读的角度来给大家详细讲解明朝的历史人物及历史事件。

【写作方向与写作灵感】

写作方向：明朝的崛起原因及分析

练习：如何看待朱元璋的军事指挥能力？

写作方向：明朝的陨落原因及分析

练习：你认为明朝灭亡的主要原因是什么？

写作方向：明朝的人物及事件探讨

练习：你如何看待张居正这个人？

1.8.8　其他历史

其他历史是历史类流量文的一种，其核心在于讲解上述历史阶段以外的历史事件。

【写作技巧】

从历史解读的角度来给大家详细讲解其他历史阶段的历史人物及历史事件。

【写作方向与写作灵感】

写作方向：帝国或人物崛起的原因及分析

练习：你认为历史上哪一位人物做的哪一件事最值得尊敬？

写作方向：帝国或人物陨落的原因及分析

练习：历史上的哪一起事件让你最为遗憾？

1.8.9　世界历史

世界历史是历史类流量文的一种，其核心在于讲解中华文明版图之外的世界历史。

【写作技巧】

原则上建议以四大文明古国为主要讲解范围，同时也可以讲解当今世界主要强国的发展历史和发展渊源，具备一定的趣味性和可读性。

【写作方向与写作灵感】

写作方向：帝国或人物崛起的原因及分析

练习：古埃及崛起的原因是什么？

写作方向：帝国或人物陨落的原因及分析

练习：古埃及陨落的原因是什么？

1.9　科学类选题灵感写作训练

我们把科学类选题分成了 3 种，分别为自然科学、社会科学和思维科学。

1.9.1　自然科学

自然科学是科学类流量文的一种，其核心在于让读者了解基础的科学知识，且这些科学知识能够应用于现实生活中。

【写作技巧】

重点讲解科学方面的趣事，让读者能够开心阅读；也可以侧重于讲解日常生活当中常见的科学反应和科学实验。

【写作方向与写作灵感】

写作方向：自然科学领域分支

练习：你最喜欢的一门学科是什么？

写作方向：不同领域的实验设计及实验观察

练习：你了解双缝干涉实验吗？请简单阐述。

写作方向：科学实验的数据分析与解释

练习：从伽利略的自由落体实验中，你能够学到什么？

1.9.2　社会科学

社会科学是科学类流量文的一种，其核心在于让读者了解现代社会的一些科学性的问题，包括但不限于经济问题、人口问题等。

【写作技巧】

从社会上选取一个或多个能反映社会现状的事情进行仔细研究、拆解，且这些拆解还需要应用在读者的日常生活中。

【写作方向与写作灵感】

写作方向：对社会现象的科学分析

练习：为什么一些人减肥会越减越肥？

写作方向：对社会现象的深入挖掘

练习：为什么大多数人的自制力不强，很难抵抗外界诱惑？

写作方向：由社会现象得到的结论与启示

练习：如何高效率地制定长期可执行的目标？

1.9.3　思维科学

思维科学是科学类流量文的一种，其核心在于让读者了解人类本身的思维认知、思维决策和思维语言。

【写作技巧】

需要选择一个或多个具备一定关注度的事情或可具象化的物体作为研究对象，让读者也能参与到对该类研究对象的研究中，通过深入浅出的方式让读者能够理解思维科学。

【写作方向与写作灵感】

写作方向：心理学科学研究

练习：你认为影响一个人情绪的主要原因是什么？

写作方向：认知学科学研究

练习：如何能够提高认知障碍患者的生活质量？

写作方向：语言学科学研究

练习：如何提升学生语言学习的效率和质量？

写作方向：跨学科科学研究与整合

练习：你认为怎样能培养出具备跨学科思维和能力的人？

1.10 娱乐类选题灵感写作训练

娱乐的主体一般是人，而综艺的主体一般是节目。娱乐类选题分为以下3类。

1.10.1 娱乐明星

娱乐明星是娱乐类流量文的一种，其核心在于让观众了解当下阶段的娱乐圈，尤其是娱乐圈的当红娱乐明星。

【写作技巧】

一般侧重于明星的日常生活、衣食住行等方面，但是要注意版权问题，不能侵犯明星肖像权，否则有收到律师函的可能。

【写作方向与写作灵感】

写作方向：娱乐明星生活揭秘

练习：你知道哪些娱乐明星的生活趣事？

写作方向：娱乐明星代表作品

练习：你最喜欢的偶像有什么代表作品？

写作方向：娱乐明星影响力

练习：娱乐圈中哪几位明星最热衷于做慈善？

写作方向：研究娱乐明星成名之路

练习：你知道哪些明星是凭借实力一夜爆红的？

写作方向：娱乐明星人际关系

练习：你能分享一些明星间那些触动心弦的友情佳话吗？

写作方向：娱乐明星后起之秀

练习：通过最近两年新兴艺人在电视节目上的表现，你认为哪几位艺人有爆火潜质？

1.10.2　当代网红

当代网红是娱乐类流量文的一种，其核心在于让观众了解现阶段比较爆火的和以抖音、快手、小红书、视频号为主要运营载体的网红。

【写作技巧】

可以以当代网红的粉丝数据为噱头，吸引读者阅读，然后再借力讲解当代网红的发展变化。

【写作方向与写作灵感】

写作方向：当代网红现象剖析

练习：近几年一夜爆红的网红有哪几位？

写作方向：当代网红成长轨迹

练习：网红是如何一夜爆红的？能不能简单分析一下？

写作方向：当代网红的内容创作方向分析

练习：网红创作的内容对普通人是否也有借鉴价值？

1.10.3　过气网红

过气网红是娱乐类流量文的一种，其核心在于让观众了解早些年比较爆火的或者引领了某个时尚潮流的网红。

【写作技巧】

可以具体讲解网红过气的原因，包括但不限于市场原因、内容创新原因和个人道德原因。

【写作方向与写作灵感】

写作方向：过气网红现象剖析

练习：近几年过气的网红有哪些?

写作方向：过气网红过气的原因拆解

练习：你认为这些网红过气的原因是什么？

写作方向：过气网红转型案例

练习：你见过哪几位网红，明明已经过气了，却凭借努力再一次爆红？

【减压涂鸦】

这是一面涂鸦墙，根据当下的心情，随你胡写乱画。(作为一名过气网红，你想对当年爆火的自己说什么？)

1.11　流量文体裁的变现渠道拆解

为了便于大家理解，我给大家准备了一份流量文体裁变现渠道表格（见表 1-2），以及流量文变现的注意事项。

表 1-2　流量文体裁变现渠道

平台	平台喜好方向	平台特点
今日头条	全体裁、全垂类方向均可以写作，审核相对宽松，近代史、近现代史也可进行内容创作	读者群体多，创作者群体多，创作相对内卷，但优质内容的爆款概率大
百家号	全体裁、全垂类方向均可写作，但审核相对严苛	容易被判定为旧文，下架文章。平台客服回复消息较慢，平台读者群体较少，但平台资源丰厚，给读者带来的回报收益高
公众号	干货内容、热点内容、娱乐内容流量普遍偏高，适合有粉丝基础的创作者做营销内容	平台流量极高，但部分账号无法开通评论区留言，无法和读者进行有效互动。粉丝黏性极强，对文章质量要求偏高
企鹅号	娱乐、热点内容流量偏高	审核相对严苛
大鱼号	娱乐、热点、情感内容流量偏高	有等级区分，等级越高，获得的单价收益越高
快传号	娱乐、热点、历史、教育、育儿等具备娱乐属性和科普属性的选题流量较高	新兴平台，长期不进行创作容易被封禁账号，需要发送邮件来解封
搜狐号	侧重于历史、文化、国际、政治内容选题	热点选题爆款概率大，非热点选题很难出现爆款，普通图文创作者开通收益权限概率较低
网易号	全体裁、全垂类方向均可以写作，但平台单价普遍偏低	优质内容可以获得高额补贴
一点号	全体裁、全垂类方向均可以写作	获取收益难度较高，平均单价普遍偏低，可以用作平台分发，不作为主要运营方式
小红书号	个人成长、个人励志、女性成长、女性美妆博主选题流量偏高	通过商单方式获取收益，以女性成长为主，千粉之后每篇图文商单带来的收益会高一些

注意事项

- 流量文体裁常规字数建议在 1500 ～ 2500 字之间，字数过多或过少都不符合平台推荐机制。

- 流量文体裁要短句短段，通常每段落 1 ～ 2 句，每句不要超过 30 字。

- 流量文体裁文章题目建议采用三段式，封面配图要具备趣味性。

- 流量文体裁的内容配图及封面配图要保证没有水印、二维码等联系方式，防止在分发到各平台时，被平台判定为营销广告而扣分。

- 流量文体裁在创作相关热点、时事或影视、明星、娱乐时事时要确保信息来源正确，防止出现问题。尤其是娱乐、明星、影视这三大领域，有极大概率被相关明星递发律师函。

- 相关体育赛事要查看是否有侵权风险，尤其是国际赛事和国内大型赛事，如果随意转发有一定概率被判定为侵权，导致内容下架或账号封号。

第 2 章

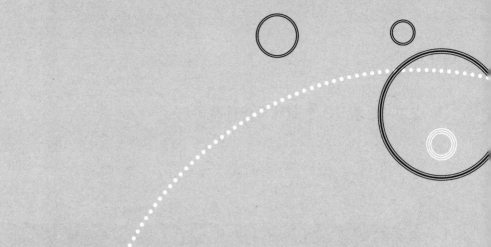

13 个商业写作体裁
灵感写作训练

2.1　3 类 13 个商业写作体裁讲解

商业写作体裁总共分为 3 类，共 13 个，见表 2-1。

表 2-1　3 类 13 个商业写作体裁

企业稿	人物稿	产品稿
企业电视广告脚本	企业家故事	产品介绍
企业平面广告文案	优秀员工案例	产品软广
企业网络广告文案	人物故事	产品硬广
企业视频广告文案	人物社会评价	产品比对报告
	人物专访	

13 个商业写作体裁，具备 3 个共性。

其一，作者要具备一定知名度，这样才会受邀参与商业写作。

其二，要求创作的内容既具备营销卖点，也要具备可读性。

其三，创作内容需要不间断与甲方进行沟通，听取甲方的改稿意见，然后积极改动。每篇文章 2000 ～ 3000 字，创作难度相对偏高一些。

2.2　企业稿类选题灵感写作训练

企业稿一直都是商业写作体裁的专属领域之一，且具备极高的市场度。原则上只要企业有宣传需求，都会在各大平台上做文字类的内容宣传。企业稿分为以下 4 类，分别是企业电视广告脚本、企业平面广告文案、企业网络广告文案、企业视频广告文案。

2.2.1　企业电视广告脚本

企业电视广告脚本是企业稿类商业写作体裁的一种,其核心在于设计出符合企业广告营销的电视脚本。

【写作技巧】

侧重于视觉和听觉双重效果,要有引人入胜的开篇立意以及各类产品的展示,企业的品牌理念传达,同时要注意控制字数,原则上字数不能超过 500 字,尤其是用于电视黄金档的广告,更要注重画面,减少文字。

【写作方向与写作灵感】

写作方向:剧本营销属性

练习:黄金档的哪个广告让你印象最为深刻?

写作方向:电视广告脚本创作

练习:如果让你为某款产品做电视广告脚本设计,你会从哪几个角度来创作?

写作方向：具备社交属性的电视广告脚本创作

练习：你认为电视广告脚本怎样创作才能让用户产生购买欲？

2.2.2 企业平面广告文案

企业平面广告文案是企业稿类商业写作体裁的一种，其核心在于设计出符合企业广告营销的平面广告文案。

【写作技巧】

企业平面广告要求简洁明了和重点突出，同时通过极其精简的字、词、句、段来提升产品的特点和优势，打造产品的独特形象。

【写作方向与写作灵感】

写作方向：剧本营销属性

练习：哪些平面广告让你印象最为深刻？

写作方向：平面广告文案创作

练习：如果让你为某款笔记本电脑做平面广告脚本设计，你会从哪几个角度来创作？

写作方向：具备社交属性的平面广告文案创作

练习：你认为平面广告脚本怎样创作才能让用户产生购买欲？

2.2.3　企业网络广告文案

企业网络广告文案是企业稿类商业写作体裁的一种，其核心在于设计出适合企业在当下网络上进行宣传推广的文案。

【写作技巧】

企业网络广告文案的创作要注重与目标人群的高效率沟通，广告文案的受众主体是青年人、中年人和老年人，要了解这些受众的需求和兴趣点，这样才能够提高广告文案对他们的吸引力。

【写作方向与写作灵感】

写作方向：剧本营销属性

练习：哪些企业的网络宣传文案让你感到印象深刻？

写作方向：网络广告文案创作

练习：如果让你为某家企业的打印机做网络广告文案设计，你会从哪
几个角度来创作？

写作方向：具备社交属性的网络广告文案创作

练习：你认为企业宣传文案怎样创作才能让用户信任？

2.2.4　企业视频广告文案

企业视频广告文案是企业稿类商业写作体裁的一种，其核心在于创作出适合企业在各大视频网站做宣传推广的文案。

【写作技巧】

一段完整的视频广告需要包括一个完整的故事和一个引人入胜的产品或画面展示，需要讲解推广的企业或产品的特点和优势，只有这样才能够引导读者产生共鸣。

【写作方向与写作灵感】

写作方向：剧本营销属性

练习：哪些企业宣传片让你感到印象深刻？

写作方向：视频广告文案创作

练习：如果让你为某家企业的电动汽车做视频广告文案设计，你会从哪几个角度来创作？

写作方向：具备社交属性的视频广告文案创作

练习：你认为视频广告文案怎样创作才能让用户更信服？

2.3　人物稿类选题灵感写作训练

人物稿是商业写作体裁的专属领域之一，且具备较高的市场度。原则上某些行业的领军人物或企业家都有创作人物稿的需求，而人物稿的展示可以分为多方面，因此，我们把人物稿拆解成以下 5 种，分别是企业家故事、优秀员工案例、人物故事、人物社会评价、人物专访。

2.3.1　企业家故事

企业家故事是人物稿类商业写作体裁的一种，其核心在于让读者了解企业家鲜为人知的故事，包括但不限于童年故事和创业故事。

【写作技巧】

一般侧重于讲解企业家从开始创业到最终事业成功，整个发展历程中遇到的各种各样的挑战、困难、机遇和转折点。

【写作方向与写作灵感】

写作方向：企业家的创业历程

练习：你最崇拜的企业家是谁？为什么？

写作方向：企业家的经营理念

练习：你最认可哪一家企业的经营理念？为什么？

写作方向：企业家的个人成长

练习：你认为哪一位企业家的成长最励志？

写作方向：企业家的社会影响

练习：在电动汽车行业，你认为哪一位企业家的社会影响力最大？

2.3.2 优秀员工案例

优秀员工案例是人物稿类商业写作体裁的一种，其核心在于激励优秀员工，从而让其他员工向这位优秀员工看齐。

【写作技巧】

一般侧重于讲解优秀员工在工作过程中取得的种种成果或在日常生活中表现出来的各种坚毅的品质。

【写作方向与写作灵感】

写作方向：优秀员工的工作成就

练习：你们单位最优秀的员工是谁？他有怎样的工作成就？

写作方向：优秀员工的成长经历

练习：你们单位最优秀的员工是刚入职时就很优秀？还是慢慢成长起来的？

写作方向：优秀员工的职场态度

练习：你认为成为一名优秀员工，态度重要还是能力重要？

写作方向：优秀员工的激励作用

练习：职场中的优秀员工能否起到榜样作用？

2.3.3　人物故事

人物故事是人物稿类商业写作体裁的一种，其核心在于让大家了解某个行业人物的故事。

【写作技巧】

人物故事未必是大人物的大故事，也可以是小人物的小故事，其核心是帮助人们树立正确的价值观念以及养成良好的行为习惯。

【写作方向与写作灵感】

写作方向：个人成长经历

练习：你认为最励志的企业家是谁？能否为他写一篇个人成长稿？

写作方向：个人性格特点

练习：你认为最励志的企业家是谁？能否点评一下他的性格？

写作方向：个人奋斗历程

练习：你认为最励志的企业家是谁？能否讲解一下他的奋斗历程？

写作方向：人生感悟

练习：你认为最励志的企业家是谁？你知道他的经典语录吗？

2.3.4　人物社会评价

人物社会评价是人物稿类商业写作体裁的一种，其核心在于让大家更深刻地了解某个行业人物的口碑风评。

【写作技巧】

一般侧重于讲解这个人物所处的行业地位和对该行业做出来的诸多贡献以及公众对他的认可。

【写作方向与写作灵感】

写作方向：行业地位拆解

练习：你认为哪一位企业家在智能手机行业的影响力最大？

写作方向：社会声誉拆解

练习：你认为哪一位企业家在社会上的口碑最好？

写作方向：社会责任分析

练习：你认为一家企业在做大做强并成为行业领导者的时候，要勇于承担哪些社会责任？

写作方向：社会对其综合评价

练习：如果让你挑选 5 位最优秀的企业家，你会选择哪 5 位？

2.3.5　人物专访

人物专访是人物稿类商业写作体裁的一种，其核心在于对某些特殊人物做专题报告，将专题报告传达给读者群体。

【写作技巧】

一般侧重于某一个议题，包括但不限于日常生活、工作状态、企业责任、社会价值，但是议题内容不能多，多了主题会散，散了就不好创作了。

【写作方向与写作灵感】

写作方向：人物专访的专访目的

练习：你认为对企业家做专访的目的是什么？

写作方向：人物专访的采访风格

练习：如果让你对企业家做主题专访，你更愿意用怎样的采访风格呢？

写作方向：人物专访的访问成果

练习：你认为对企业家做完专访后，需要实现怎样的目标呢？

2.4　产品稿类选题灵感写作训练

产品稿一直都是商业写作体裁的专属领域之一，且具备极强的宣传性。原则上只要企业有售卖产品的诉求，就会在各大平台上为自己的产品做软广推广，我们把产品稿分为以下 4 种。

2.4.1　产品介绍

产品介绍是产品稿类商业写作体裁的一种，其核心在于对一款产品做详细介绍，让读者能够了解这款产品的具体用途。

【写作技巧】

一般侧重于一款产品的基础信息，包括但不限于产品的名称、产品的品牌、产品的定位、产品的基础功能和产品的技术特点等。

【写作方向与写作灵感】

写作方向：产品基础介绍

练习：能否介绍一下你现在使用的手机？

写作方向：产品功能特点介绍

练习：你认为平板电脑最迫切需要增加的功能是什么？

写作方向：产品适用场景介绍

练习：你认为户外办公时，用手机好还是用笔记本电脑好？

写作方向：产品使用方法介绍

练习：能否给大家推荐一款性能较好的吸尘器？

2.4.2　产品软广

产品软广是产品稿类商业写作体裁的一种，其核心在于为某款产品做营销推广，但是在做营销推广时要结合真实案例，让读者不自觉地下单。

【写作技巧】

一般侧重于使用情感化的语言，这一类语言往往能引发读者的情感共鸣，让用户不自觉地下单购买，产品软广要求既能提升用户对产品的好感度，也能提高用户的产品下单率。

【写作方向与写作灵感】

写作方向：故事化叙述

练习：能否讲一下你和你第 1 部手机的故事？

写作方向：产品软广

练习：能否为你现在使用的台式电脑写一篇商业软文？

写作方向：情感化叙述产品软广

练习：你身边是否有能给你提供情绪价值的产品？如果有，是什么？

写作方向：专家权威话术产品软广推广

练习：我们有无必要购买防蓝光眼镜？请从专家及专业数据的角度做分析。

2.4.3　产品硬广

产品硬广是产品稿类商业写作体裁的一种，其核心在于直截了当地告诉用户这款产品能够给大家带来怎样的便利，让用户直接下单购买。

【写作技巧】

通过摆事实、讲道理、做核心数据的方式，直接告诉用户，这款产品就是比其他产品质量好、性价比高，而且还打折促销。

【写作方向与写作灵感】

写作方向：直观展示方式

练习：能否给读者推荐一下你正在使用的水杯？

写作方向：卖点突出方式

练习：你认为现在使用的水杯有哪些优点？

写作方向：品牌宣传方式

练习：能否从你所使用水杯的品牌角度来推广水杯并产生成交量？

写作方向：促销活动方式

练习：能否从你所使用水杯的购买折扣角度来推广水杯并产生成交量？

2.4.4　产品比对报告

产品比对报告是产品稿类商业写作体裁的一种，其核心在于将本款产品与另外几款产品做横向、纵向对比，以此得出结论：我们这款产品效果最好。

【写作技巧】

一般侧重于讲解本产品与市面上其他产品间的横向比对，通过数据或图表的方式展示出本品在与竞品相比较时，性能和价格等多方面的比对结果。

【写作方向与写作灵感】

写作方向：竞品直接比对报告

练习：你认为小米手机好用还是华为手机好用？

写作方向：性能比对报告

练习：能否对小米手机和华为手机做一份详细的性能比较报告？

写作方向：使用场景比对报告

练习：能否对不同品牌的笔记本电脑做户外使用场景的数据比对报告？

写作方向：优缺点比对报告

练习：能否对不同品牌的平板电脑做优缺点比对报告？

【减压涂鸦】

这是一面涂鸦墙，根据当下的心情，随你胡写乱画。(高考结束后，父母允许你拥有一部属于自己的智能手机，请画出自己开心的样子。)

2.5 商业写作体裁的变现渠道拆解

为了便于大家理解，我给大家准备了商业写作体裁变现渠道表（见表 2-2）及商业写作的注意事项。

表 2-2　商业写作体裁变现渠道表

平台	商单渠道	平台特点
今日头条	巨量星图	商单价格便宜，但胜在量多，且没有接商单的数量限制，只要账号能够合理运营，一个月可以接多条商单。
百家号	度星选	如果有平台负责对接，单条商单的报价会相对高一些；如果没有平台对接，接商单的概率普遍偏低。
公众号	腾讯官方广告平台	商单报价一般会按广告点击数量来进行计算，这就意味着只要我们承接商单，且该商单能够成为大爆款，带来的商单利润将会非常可观。
小红书号	蒲公英	是目前已知平台中接商单收益较为可观的平台之一。
知乎号	芝士	母婴育儿等刚需商单的单价普遍偏高。
微博号	广告代理商和中介机构	一般可以接到批量商单，持续创作收益也非常可观。

注意事项

- 原则上单个账号不允许连续每天接取商单，轻则限流，严重者甚至会被判定违规。平台需要给读者一个好的阅读体验，不能容忍"每篇内容都是商单"的情况。

- 部分平台对商单、征文类活动发文极为严苛，如果存在线下接商单行为，也就是我们常说的跳单行为，会被平台严重警告，甚至会给予扣分处理。

- 部分商单接取后可能会因某些敏感词导致无法审核通过，这时需要第一时间与平台的负责老师进行沟通，一般会有专人来对接并解决问题，不需要我们做额外处理。

- 即便是平台方找我们合作，商单也需要保证内容创作合理合规，绝不允许出现虚假宣传情况。

- 商单创作要适当摒弃流量文的创作模式，尽最大可能给予读者认知增量，同时推广自己所需要推广的产品。如果初次合作非常满意，甲方一般会找我们二次合作，甚至三次合作，每3～6个月为一个周期。如果初次合作不满意，这一部分不满意的后台数据有可能会被其他的甲方公司发现，之后想接到商单，难度就大了。

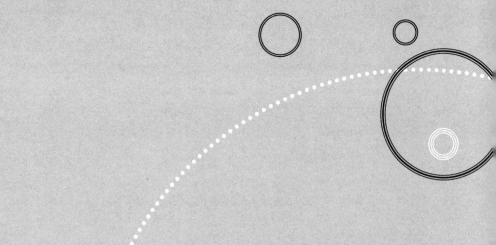

第 3 章

**22 个非商业写作体裁
灵感写作训练**

3.1　4 类 22 个非商业写作体裁讲解

非商业写作体裁分为 4 类，22 种，见表 3-1。这 22 个非商业写作体裁具备三个共性，其一，能够大幅度提升我们的文笔；其二，能够在各类期刊、杂志、报刊取得好成绩；其三，优秀作家有一定机会加入市级及以上作协，甚至有机会加入中国作协。

表 3-1　4 类 22 个非商业写作体裁

诗词歌赋	散文	年代文	科幻文
亲情	亲情	亲情	未来科技
爱情	爱情	爱情	时空旅行
友情	友情	友情	人工智能
伤情怀旧	伤情怀旧	伤情怀旧	外星生命
哲理思考	哲理思考	哲理思考	
励志	励志	励志	

3.2　诗词歌赋、散文、年代文类选题灵感写作训练

本节我们重点讲解诗词歌赋、散文和年代文内容。这三类选题创作一直是非商业写作体裁的热门领域，其中诗词歌赋创作的内容分类与散文、年代文有相似之处，但是创作方向和创作风格有很大区分。在本节中我们会讲解在亲情、爱情、友情、伤情怀旧、哲理思考、励志体这 6 个方面的诗词歌赋、散文和年代文的创作方式。

3.2.1 亲情

亲情作为人类最主要的感情之一，其创作核心在于让读者能够细细品味亲情的伟大。

【诗词歌赋写作技巧】

以韵文为主要特点，更侧重于对于亲情的意境表达，较少触及具体事件。

【散文写作技巧】

更建议采用记叙或描写的表达方式，通过具体事件来阐述亲情的伟大。

【年代文写作技巧】

可以重点讲解自己年轻时与父母、爷爷奶奶、姥姥姥爷间的亲情，更能够引起读者关注。

【写作方向与写作灵感】

写作方向：对于亲情的美好回忆

练习：以童年时期与爷爷奶奶一起生活为主题写一篇诗词。

写作方向：与亲情相关的感恩之情

练习：以父母养育子女不容易为主题写一篇散文。

写作方向：对于亲情的思念

练习：以对已故之人的思念为主题写一篇年代文。

3.2.2　爱情

爱情作为人类最主要的感情之一，其创作核心在于让读者能够细细品味爱情的酸甜苦辣。

【诗词歌赋写作技巧】

以韵文为主要特点，更侧重于对于爱情的意境表达，较少触及具体事件。

【散文写作技巧】

更建议采用记叙或描写的表达方式，通过具体事件来阐述爱情的伟大。

【年代文写作技巧】

可以重点讲解老一代父母、爷爷奶奶、姥姥姥爷的爱情观、婚恋观。

【写作方向与写作灵感】

写作方向：爱情中的离别相思

练习：以与所爱之人短期离别为主题写一篇诗词。

写作方向：爱情中的炙热激情

练习：以追求心爱之人时自己的心理波动为主题写一篇散文。

3.2.3　友情

友情作为人类最主要的感情之一，其创作核心在于让读者能够细细品味友情的患难与共、肝胆相照。

【诗词歌赋写作技巧】

以韵文为主要特点，更侧重于对于友情的意境表达，较少触及具体事件。

【散文写作技巧】

更建议采用记叙或描写的表达方式，通过具体事件来阐述友情的伟大。

【年代文写作技巧】

可以重点讲解上一代人对于友情的理解和感悟。

【写作方向与写作灵感】

写作方向：友情中的互相扶持

练习：以患难见真情为主题写一篇散文。

写作方向：友情中的离别

练习：以好兄弟短暂分离为主题写一篇诗词。

写作方向：友情中的志同道合

练习：以多年后好友相聚为主题写一篇年代文。

3.2.4　伤情怀旧

伤情怀旧文作为非商业写作体裁的一种，其核心在于让读者品味人生之世事无常，从而对当下更加珍惜。

【诗词歌赋写作技巧】

以韵文为主要特点，更侧重于对于伤情怀旧的意境表达，较少触及具体事件。

【散文写作技巧】

更建议采用记叙或描写的表达方式，通过具体事件来阐述伤情怀旧。

【年代文写作技巧】

可以重点讲解已故老人对自己的恩情以及人生中存在的种种遗憾。

【写作方向与写作灵感】

写作方向：回忆往事时的伤情怀旧

练习：你有没有一些遗憾的事儿，如果有能否讲讲？

写作方向：思念故人的伤情怀旧

练习：你是否对一些人常有思念之心？如果有能否简单讲讲？

3.2.5　哲理思考

哲理思考作为非商业写作体裁方式之一，其核心在于让读者能够对人生有更好的理解和领悟。

【诗词歌赋写作技巧】

以韵文为主要特点，更侧重于对于哲理思考的意境表达，较少触及具体事件。

【散文写作技巧】

更建议采用记叙或描写的表达方式，通过具体事件来阐述哲理思考。

【年代文写作技巧】

可以重点讲解过去发生的某一件事，在当下的某一个时间点突然从中品悟到的人生道理。

【写作方向与写作灵感】

写作方向：人生智慧的哲理思考

练习：你在哪一刻大彻大悟，了解了为人处事的道理？

写作方向：心灵启迪的哲理思考

练习：有没有一件事情给予你心灵的启迪，让你懂得了做人的道理？

3.2.6　励志

励志体作为非商业写作体裁的方式之一，其核心在于激发读者群体积极向上的热情。

【诗词歌赋写作技巧】

以韵文为主要特点，更侧重于对于励志的意境表达，较少触及具体事件。

【散文写作技巧】

更建议采用记叙或描写的表达方式，通过具体事件来阐述励志思想。

【年代文写作技巧】

可以重点讲述自己在过去某一个时间段的努力，现在突然看到了回报。人生就是一场漫长的旅途，只要肯攀登，就没有爬不上去的高山。

【写作方向与写作灵感】

写作方向：追求目标的自我激励

练习：你有没有为实现目标，不顾一切拼搏努力的时候？

写作方向：克服困难的坚强毅力

练习：当你做一件事情坚持不下去的时候，你会怎么办？

写作方向：勇于挑战，奋发向前

练习：遇到困难时，你会直面挑战还是选择回避？

3.3　科幻文类选题灵感写作训练

本节我们讲解科幻文，科幻文目前是各大期刊、杂志、报刊最有意向征稿的选题之一，可以分为以下 4 种，分别是未来科技、时空旅行、人工智能、外星生命。

3.3.1　未来科技

未来科技是科幻文类写作体裁的一种，其核心在于讲解未来科技进步带来的社会变革。

【写作技巧】

侧重于讲解未来可能实现的技术爆炸，包括但不限于全自动化的生产线、完全意义上的智能化家居以及某些理论上的研究在未来科技时代的呈现。

【写作方向与写作灵感】

写作方向：未来科技进步带来的社会变革

练习：你认为人工智能会取代所有的工人吗？会不会给普通人带来失业的危机？

写作方向：未来科技进步带来的医疗变革

练习：未来，纳米机器人是否会取代医生给我们做手术呢？

写作方向：未来科技进步带来的交通变革

练习：你认为未来的交通工具会变成什么呢？会不会有会飞的汽车？

写作方向：未来科技进步带来的教育变革

练习：你认为未来还会有老师这个岗位吗？未来的教育会有怎样的变化呢？

3.3.2　时空旅行

时空旅行是科幻文类写作体裁的一种，其核心在于讲解时空旅行可行性的理论基础。

【写作技巧】

侧重于讲解时空旅行可能会存在的诸多悖论和伦理问题，以及时空旅行对个人、对整个时代的影响。

【写作方向与写作灵感】

写作方向：时空旅行遇到的危机

练习：你认为真的会存在多维宇宙吗？

写作方向：时空旅行的时空悖论

练习：假如穿越到过去，使过去的事做了改变，那未来会不会改变呢？

3.3.3　人工智能

人工智能是科幻文类写作体裁的一种，其核心在于讲解人工智能未来的发展趋势以及给人类带来的便利。

【写作技巧】

侧重于讲解人工智能的极速发展，在未来呈现出来的机遇、危机挑战和红利，以及对各个行业的颠覆性的影响。

【写作方向与写作灵感】

写作方向：人工智能与人类的关系

练习：人工智能是否会对人类带来危险？未来的人工智能究竟会朝着哪个方向发展？

写作方向：人工智能在各个领域的应用

练习：将来真的会有与人类完全相似的机器人出现吗？

写作方向：人工智能引发的社会结构变化

练习：若干年后，人工智能究竟会给我们的社会带来怎样的结构变化呢？

3.3.4　外星生命

外星生命是科幻文类写作体裁的一种，其核心在于讲解外星生命存在的可能性。

【写作技巧】

侧重于讲解外星生命的存在方式、外星生命存在于何种文明之中、外星生命对整个人类文明可能带来的影响。

【写作方向与写作灵感】

写作方向：人类与外星生命的共存

练习：假如真的发现了外星人，你认为人类和外星人能够共存吗？

写作方向：外星生命对地球的影响

练习：你相信丛林法则吗？外星生命会对人类产生致命影响吗？

【减压涂鸦】

这是一面涂鸦墙，根据当下的心情，随你胡写乱画。(如果外星人真的存在，你觉得它们是什么样子？)

3.4　非商业写作的变现渠道拆解

非商业写作变现的投稿渠道，一般为各地的报刊、期刊、杂志，或各大网站的收稿活动，因为各个地方收稿标准不一，对稿件的需求标准也不一样，且征稿活动一般以一个月为一周期，下面我们给大家讲解找寻渠道的方法。

方法一，咨询当地作协。普通人能够对接的作协，一般是市级作协或县级作协。一般当地有重大的征文赛事或某些文学类的活动时，会优先给作协成员讲解，而作协成员又会把这些消息散发出来，鼓励大家积极参与，所以如果我们希望能够参加征文活动，不妨优先找到当地作协，以电话沟通或直接去办公室咨询的方式来获得非商业写作变现的第一手资料。

方法二，咨询当地报社。如果我们写的优秀稿件被当地报社收稿，一般会给予一笔稿费，四线及四线以下城市稿费会低一些。

方法三，去各大期刊、杂志的官方网站或官方公众号检索。一般期刊、杂志的官网最右侧会有单独栏目组，比如"联系我们"或"我要投稿"，点击进入后能找到对方在本月或未来几月的征文活动，以及具体的征文要求和投稿方式，我们按需求进行投稿即可。

我们需要额外注意一点，非商业写作意味着纯内容创作，不太建议大家追热点，也不太建议大家去写口水化、流水账类的文章，而是在能保证速度的前提下，尽最大可能提升文章质量，要让读者读完之后能够有所收获，只有这样各大期刊、杂志、报刊以及其他的书稿平台才会愿意收我们的稿件。在非商业写作体裁中，一旦能够写出 5 ～ 10 篇获得出版社期刊、杂志或地方报社认可的作品，是有很大概率加入地方作协的，在此基础之上持续深耕 2 ～ 3 年就有一定机会能加入省级作协。

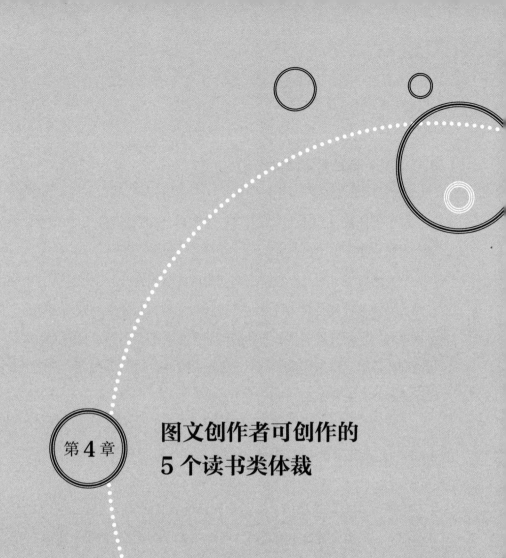

第 4 章

图文创作者可创作的
5 个读书类体裁

4.1　5 个读书类体裁讲解

读书类体裁非常特殊，总共就分为 5 种，分别是书评类、拆书稿、荐书稿、书籍课稿、图书出版。

我们之所以不把这 5 个读书类变现的类目做合并，是因为理论上来说每一种与另外几种都有极大区分。其中任意一种，只要能够做出成绩来，都会有极可观的市场变现前景，与此同时读书类变现又不同于我们上面讲到的流量类和商业类，它是流量类和商业类的结合体。对新手而言，创作难度相对适中（图书出版除外）。

4.2　读书类选题灵感写作训练

在所有读书类选题中，图书出版是性价比最高、含金量最高的变现模式，但对于大多数普通小图文内容创作者来说，图书出版是可望而不可即的。除图书出版之外，其他几种读书类变现，我们也可以去尝试，如果运作得当，还能够和出版社、期刊、杂志、报刊等多家纸媒建立长期合作伙伴关系。

4.2.1　书评类

书评类是读书类写作体裁的一种，其核心在于对书中内容进行评价，以及介绍书中的主要内容。

【写作技巧】

要对书中作者的主观观点作评价分析，得出相对客观而深入的评价。在这个过程中，不需要迎合作家或读者。

【写作方向与写作灵感】

写作方向：书籍深度解读

练习：你看过《明朝那些事儿》这本书吗？你认为这本书阐述了哪些人生道理？

写作方向：书籍文化背景分析

练习：你看过《明朝那些事儿》这本书吗？你如何看待书中的张居正？

写作方向：不同书籍的对比评价

练习：你最喜欢看的历史书是哪一部？为什么？

4.2.2　拆书稿

拆书稿是读书类写作体裁的一种，其核心在于提炼或总结原著书中的内容，并引导读者深入阅读。

【写作技巧】

要对书中的内容做排版布局，需要聚焦于书中的一个或若干个关键点。在讲解书中内容的同时，也要阐述自己的观点看法，让读者能够有更深入的了解。

【写作方向与写作灵感】

写作方向：书籍知识点提炼

练习：你认为《西游记》这部著作中隐藏了哪些知识点？

写作方向：书籍展示案例研究

练习：你如何看待《西游记》中三打白骨精的剧情？

4.2.3 荐书稿

荐书稿是读书类写作体裁的一种，其核心在于激发读者对书籍的兴趣，并引导读者购买书籍。

【写作技巧】

要尽可能避免剧透，防止在荐书过程中，把书籍的核心内容全都展示出来，可以预留钩子伏笔，着重激发读者对这本书的价值认可和情绪共鸣。

【写作方向与写作灵感】

写作方向：书籍亮点推荐

练习：《三国演义》这部名著为何深受大家欢迎？

写作方向：书籍实用价值拆解

练习：读《三国演义》能够获得怎样的个人成长？

写作方向：书籍读者定位

练习：什么群体适合读《三国演义》？

写作方向：书籍市场分析

练习：你知道《三国演义》每年销量多少册吗？

4.2.4　书籍课稿

书籍课稿是读书类写作体裁的一种，其核心在于对书籍内容改编或制作成课程讲稿，帮助读者更好地梳理或掌握书籍要点。

【写作技巧】

需要主动自发地提炼出书籍的知识点和核心观点，同时结合实际场景做内容拓展，要保证课稿的逻辑性、严谨性和趣味性。

【写作方向与写作灵感】

写作方向：书籍课程设计

练习：如果让你结合《红楼梦》设计一堂课程，让读者了解古代的衣食住行，你会怎样设计？

写作方向：书籍互动环节设计

练习：如果让你结合《红楼梦》设计一堂课程，要求在课程中必须有互动，你会怎样设计？

4.2.5　图书出版

图书出版是读书类写作体裁的一种，其核心在于将图文内容经过编辑整理，创作出符合图书出版标准的图书，并最终实现图书出版的目的。

【写作技巧】

要针对自己的优势及市场的需求，创作出既符合市场需求又满足图书出版标准的图书。同时还要激发读者的购买欲望，尤其注意在进行内容创作时，必须要符合出版法规要求，要着重注意内容尺度及价值观问题。

【写作方向与写作灵感】

写作方向：图书出版规划

练习：你有没有过出书的想法？如果有是什么时候有的？

写作方向：图书卖点提炼

练习：请你为即将出版的图书做卖点提炼。

写作方向：图书市场定位

练习：如果你准备出一本书，你的这本书的市场定位是什么？

写作方向：图书封面文案

练习：请你为即将出版的图书撰写封面文案。

写作方向：图书内容创作

练习：如果你准备出版一本书，你认为应该从哪几个角度创作内容？

写作方向：图书营销推广

练习：假如你是一位作家，你会如何营销推广以提升你所出版图书的销量呢？

【减压涂鸦】

这是一面涂鸦墙，根据当下的心情，随你胡写乱画。(如果你可以毫无限制地写一本书，你想写什么？书名是什么？)

4.3　读书类写作的变现渠道拆解

读书类体裁的变现模式相对复杂一些，包括商业性，也包括非商业性，同时还包括个人 IP 属性，所以我们需要把上述 5 种读书类选题的注意事项拆开讲解。

书评类及拆书稿属于流量文的写作变现类目，所以主要变现平台在今日头条、百家号、公众号。在内容创作时应该以优质书籍或知名度较高的当代爆火书籍为主要创作选题，例如《明朝那些事儿》等书籍，尽最大可能抓住流量市场，让读者在阅读我们文章的过程中获得情绪价值。

荐书稿属于商业类变现的类目，其创作的核心逻辑在于让读者读完我们这篇文章后，能够点击下方小黄车购买书籍，而我们能够获得 10% ～ 50% 比例的收入，所以要求内容具备可读性和猎奇性，同时还要给予读者暗示，包括但不限于读完这本书能够获得哪些方面的成长。

书籍课稿一般不会在各大自媒体平台进行创作，而是在私域中或在授课的过程中，即我们打造好个人 IP 后会有专业团队来孵化我们，同时将我们的课程转发到以个人为主体和以公司为主体的群聊中，通过用户付费购买的方式来实现收益。

图书出版一般是当我们创作出足够多的优质作品后，引起出版社的注意，然后由出版社的编辑与我们进行对接来敲定图书出版的各类细节。但目前自媒体发展横行，新人的新作品想要被编辑注意到的难度极大，我们强烈建议大家优先选择豆瓣文学和小红书、公众号这三大创作平台，这几个平台被编辑看中的概率会更大一些。

第5章　图文创作者可创作的
20 个传统小说体裁

5.1　6 类 20 个传统小说体裁

传统小说体裁分为 6 类，共 20 种，见表 5-1。

表 5-1　6 类 20 个传统小说体裁

玄幻类	都市类	游戏类	科幻类	历史穿越类	历史纪实类
传统玄幻	都市爱情	游戏竞技	机甲	秦朝	严肃类历史纪实
现代都市穿越玄幻		游戏开发	未来世界	汉朝	搞笑类历史纪实
		游戏穿越	时空穿梭	三国	
		游戏主播	末日危机	唐朝	
				宋朝	
				明朝	
				女频历史穿越专属	

20 种传统小说体裁，具备两个共性。

其一，在传统市场中具备一定的认知度，普通新手也能够实操创作。

其二，在传统小说市场中具备较强的变现能力，且已经拥有了成熟的变现模式。

需要说明的是，由于传统小说体裁繁杂，部分传统小说体裁市场不认可或短期内无法变现；还有部分传统小说体裁非常容易被认为违规，对新手创作者很不友好，所以我们在本章节中略掉了奇幻类、武侠类、仙侠类、军事类、体育类 5 类流量不可控且对新手不友好的小说体裁，同时又略掉了悬疑类等容易被封书的，甚至封 IP 的写作体裁，还略掉了历史架空类写作体裁，因为历史架空与历史穿越非常相似，只不过历史架空更偏向于女频创作，而历史穿越偏向于男频创作，其创作的底层逻辑相似，所以我们不再额外赘述。

5.2　玄幻类选题灵感写作训练

目前传统玄幻类的小说市场留存度普遍较低，主要原因在于在 2014 ～ 2016 年间已经有大量的作家创作过很多优秀的玄幻小说，所以对于新人来说，学会写小说容易，但写出名气来，难度很大。对于初次创作玄幻小说的作家，我们更建议大家创作现代都市穿越玄幻类选题。

5.2.1　传统玄幻

传统玄幻是玄幻类小说写作体裁的一种，其核心在于创作非脑洞、非系统、非穿越的传统玄幻小说，通过趣味性和反差感吸引读者。

【写作技巧】

需要我们构建一个独特的玄幻世界，包括但不限于该世界的势力范围、修炼体系、主要角色及主要角色的特殊身份或特殊血脉。

【写作方向与写作灵感】

写作方向：男频传统玄幻

练习：传统男频玄幻小说中，你认为除了洪荒世界选题可以写，还有哪些选题可以写呢？

写作方向：女频传统玄幻

练习：传统女频玄幻小说中，你认为除了女帝选题可以写，还有哪些选题可以写呢？

写作方向：多主角传统玄幻

练习：为什么多主角的传统玄幻小说市场越来越小？底层逻辑是什么？

5.2.2　现代都市穿越玄幻

现代都市穿越玄幻是玄幻类小说写作体裁的一种，其核心在于创作与现代都市相关的且具备穿越属性的脑洞玄幻小说。

【写作技巧】

需要我们融合现代都市以及穿越的元素，要具备以现代思维解决玄幻世界中的事件的素材描写，同时还要深入探索小说中主要角色的心理变化和成长。

【写作方向与写作灵感】

写作方向：男频穿越玄幻

练习：如果让你创作一本男频穿越玄幻小说，开篇你认为怎样穿越更无厘头？

写作方向：女频穿越玄幻

练习：如果让你创作一本女频穿越玄幻小说，开篇你认为怎样穿越更有趣味性？

写作方向：多角色穿越玄幻

练习：如果让你创作一本穿越玄幻小说，且要求主角和反派都是穿越而来的，你会如何设定剧情？

写作方向：集体穿越玄幻

练习：如果让你创作一本男频穿越小说，要求男主及其所在团队集体穿越，你会如何创作剧情？

5.3　都市类选题灵感写作训练

都市类型的小说以都市爱情小说为主。都市爱情侧重于女频小说，更建议大家把内容创作偏向于霸道总裁文，这样女性读者群体的受众会更多一些。

都市爱情

都市爱情是都市类小说写作体裁的一种，其核心在于设计出男女之间对于爱情的真挚感，要让读者感同身受。

【写作技巧】

需要我们创作出主角的爱恨情仇故事，侧重于现代都市中人们对爱情与事业的抉择、不同爱情之间的抉择，也可以关联现在都市中普遍的社会现象，如都市相亲等。

【写作方向与写作灵感】

写作方向：爱情婚姻

练习：如果让你创作一本男女间追求爱情的小说，你会如何创作开篇？

写作方向：都市生活

练习：如果让你创作一本关于都市夫妻的生活状态的小说，你会如何创作开篇？

写作方向：青春校园

练习：如果让你创作一本关于少男少女间爱情萌芽的小说，你会如何创作开篇？

写作方向：娱乐明星

练习：如果让你创作一本与影视娱乐相关的明星爱情小说，你会如何创作开篇？

5.4 游戏类选题灵感写作训练

游戏类小说分为以下 4 种，游戏竞技、游戏开发、游戏穿越、游戏主播。我们建议新人创作游戏穿越类小说，而且要穿越到知名的单机或联网游戏中，这样对读者吸引力更大，趣味性和可读性也更强，代入感也会更好一些。

5.4.1　游戏竞技

游戏竞技是游戏类小说写作体裁的一种，其核心在于描写游戏比拼过程中紧张刺激的竞技画面。

【写作技巧】

需要我们创作出多位游戏参赛者和游戏团队，要展现出队友与队友之间的合作精神、对手与对手之间的高度竞技以及高级策略游戏过程中的实操技巧，这样可以提高整本小说的含金量。

【写作方向与写作灵感】

写作方向：传统游戏竞技

练习：你最喜欢玩的竞技游戏是哪一款？有没有为这款游戏写小说的打算？

写作方向：未来智能类游戏竞技

练习：如果让你创作一本未来智能类游戏竞技且具备虚拟现实功能的游戏类小说，你会如何创作开篇？

5.4.2　游戏开发

游戏开发是游戏类小说写作体裁的一种，其核心在于树立游戏开发过程中的矛盾点、冲突点和利益争夺点。

【写作技巧】

需要我们侧重于描述游戏开发过程中遇到的人为的困难，以及与人性利益的博弈和对于游戏开发最初目标的理想追求。

【写作方向与写作灵感】

写作方向：传统游戏开发

练习：如果让你创作一本游戏开发类小说，你会如何创作开篇？

写作方向：未来智能类游戏开发

练习：如果让你创作一本未来智能类游戏小说且具备虚拟现实功能，你会如何创作开篇？

5.4.3　游戏穿越

游戏穿越是游戏类小说写作体裁的一种，其核心在于构建合理的穿越设定，要确保合理度和可信任度。

【写作技巧】

需要我们侧重描述主角穿越到游戏世界时的过渡描写，要让读者接受设定剧情，同时主角穿越到游戏中后还需要做好两方面决策，即主角只能穿越到游戏中，还是主角既能穿越到游戏中也能从游戏中穿越回来。

【写作方向与写作灵感】

写作方向：穿越到单机游戏

练习：如果让你创作一本游戏穿越小说，穿越到单机游戏中，你愿意让主角穿越到哪一款游戏中？

写作方向：穿越到联网游戏

练习：如果让你创作一本游戏穿越小说，穿越到联网游戏中，你愿意让主角穿越到哪一款游戏中？

写作方向：穿越到现有游戏

练习：如果让你创作一本游戏穿越小说，你最倾向于穿越到哪一个游戏中？

写作方向：穿越到虚构游戏

练习：如果让你创作一本虚拟游戏穿越小说，你觉得游戏中需要有哪些特殊设定？

5.4.4 游戏主播

游戏主播是游戏类小说写作体裁的一种，其核心在于让读者全面了解主播行业，并且能够从游戏领域的小说选题中代入进去。

【写作技巧】

需要我们侧重描述一位普通素人成长为知名游戏主播的成长历程，以及在这个过程中遇到的困难和珍贵友谊。

【写作方向与写作灵感】

写作方向：游戏主播的成长之路

练习：如果让你创作一本游戏主播小说，你更愿意创作哪款游戏的解
说主播？

写作方向：游戏主播的人性博弈

练习：如果让你创作一本游戏主播小说，你认为主角在成名之后会遇
到哪些利益纠纷？

5.5　科幻类选题灵感写作训练

科幻类小说的创作难度普遍要高于其他几大类，因为科幻类小说不只追
求小说的爽感，还需要追求逻辑，尤其是理论学术的逻辑。所以我们在操作
内容时一定要紧抓逻辑感，同时科幻类小说更多描写对未来科技发展不确定
性的紧迫感和压力感，所以我们可以适当给小说的主要内容增添某些科技方

面带来的难度，包括但不限于人工智能问题。

5.5.1　机甲

机甲是科幻类小说写作体裁的一种，其核心在于让读者能够清晰想象出我们描述的机甲以及机甲与机甲之间的战斗。

【写作技巧】

需要侧重描写机甲与人的关系、高科技技术对人性的影响，以及机甲战斗时的等级划分、机甲的成长变化。

【写作方向与写作灵感】

写作方向：古代机甲类

练习：在你的小说架构中，如果古代人发现了机甲会发生怎样有趣的剧情对碰呢？

写作方向：现代机甲类

练习：假如外星人入侵，现代人类发明了机甲来反抗外星人，你会怎样设计剧情呢？

写作方向：机甲末日类

练习：假如在未来末日时代人们研发出了超级人工智能机甲。你会如何设计剧情？

5.5.2　未来世界

未来世界是科幻类小说写作体裁的一种，其核心在于描述未来世界的诸多设定，构建一个合理且独特的未来世界。

【写作技巧】

需要侧重描写未来世界的日常生活，包括但不限于交通教育、通信医疗等。未来科技如何影响到了人类的生存发展，这里需要大篇幅描写。

【写作方向与写作灵感】

写作方向：未来世界智能类

练习：假定人工智能统治世界，机器人成了地球主宰。你会如何设计未来世界小说剧情？

写作方向：未来世界末日类

练习：假定资源的滥用导致生存危机，人类重归原始时代。你会如何设计未来世界小说剧情？

5.5.3　时空穿梭

时空穿梭是科幻类小说写作体裁的一种，其核心在于能够把时空穿梭的原理解释清楚，确保其合理度和可信度。

【写作技巧】

需要侧重讲解时空穿越过程中遇到的各种时间悖论以及道德困境，但只提出问题是远远不够的，还需要有处理解决这些问题的方法，以保证故事的完整连贯性。

【写作方向与写作灵感】

写作方向：时空穿越过去类

练习：假定时空穿梭机穿越到过去，发现了了不得的秘密。你会如何设计时空穿梭小说剧情？

写作方向：时空穿越未来类

练习：假定时空穿梭机穿越到未来，发现已到达末日时代。你会如何设计时空穿梭小说剧情？

写作方向：时空穿越探案类

练习：假定时空穿梭机穿越到过去 5 个小时，来到了案发现场。你会如何设计时空穿梭小说剧情？

写作方向：时空穿越追逃类

练习：假定主角乘坐时空穿梭机穿越到了 5 个小时后突然遇到神秘人追杀。你会如何设计时空穿梭小说剧情？

5.5.4　末日危机

末日危机是科幻类小说写作体裁的一种，其核心在于描述末日危机下的紧张氛围和恐惧感。

【写作技巧】

需要侧重讲解末日危机下的生存挑战以及被动性，末日危机类型的小说之所以对新手较为友好，是因为这种生存被动性很容易激发读者阅读，也很容易做故事延伸。

【写作方向与写作灵感】

写作方向：末日丧尸危机

练习：假如未来神秘病毒暴发，人类感染成丧尸。你会如何设计末日危机小说剧情？

写作方向：末日资源危机

练习：假如未来水资源短缺，滴水难求。你会如何设计末日危机小说剧情？

写作方向：末日外星人入侵危机

练习：假如外星人入侵地球，想要掠夺资源。你会如何设计末日危机小说剧情？

5.6　历史穿越类选题灵感写作训练

历史穿越类选题理论上可以穿越到任何一个历史时间节点，去解决各种棘手的问题。但是我们要注意两点，其一，历史穿越小说一般是穿越到一个时间点之后的内容，我们可以进行改编创作，但是对已经盖棺论定的历史人物，我们不得对某些人物做抹黑或洗白处理，任何抹黑民族英雄歪曲历史事实的文学作品都是极其可耻且不会受到读者群体尊重的。其二，历史穿越小说更建议穿越到我们下方讲解的几个朝代以及特殊历史人物中，会拥有更多的读者群体。

5.6.1　秦朝

秦朝是历史穿越类小说写作体裁的一个穿越时间节点，其核心在于描述主角穿越到秦朝，遇到关键历史人物并解决棘手问题。

【写作技巧】

需要侧重讲解秦始皇、胡亥、李斯以及赵高、徐福等知名历史人物的历史关系。

【写作方向与写作灵感】

写作方向：主动穿越到秦朝，解决历史危机

练习：假如你穿越到秦朝，遇到秦始皇，你最想对他说什么？

写作方向：被动穿越到秦朝，解决个人危机

练习：假如你穿越到秦朝，你会怎样做以保证自己生存下来？

5.6.2 汉朝

汉朝是历史穿越类小说写作体裁的一个穿越时间节点，其核心在于描述主角穿越到汉朝，遇到关键历史人物并解决棘手问题。

【写作技巧】

需要侧重讲解刘邦、刘彻、文景之治等知名历史人物或历史事件。

【写作方向与写作灵感】

写作方向：主动穿越到汉朝，解决历史危机

练习：假如你穿越到汉朝，遇到汉武帝，你最想对他说什么？

写作方向：被动穿越到汉朝，解决个人危机

练习：假如你穿越到汉朝，你会怎样做以保证自己生存下来？

5.6.3　三国

三国是历史穿越类小说写作体裁的一个穿越时间节点，其核心在于描述主角穿越到三国时期，遇到关键历史人物并解决棘手问题。

【写作技巧】

需要侧重讲解刘备、曹操、孙权等知名历史人物或赤壁之战等历史事件。

【写作方向与写作灵感】

写作方向：主动穿越到三国时期，解决历史危机

练习：假如你穿越到三国时期，遇到刘备，你最想对他说什么？

写作方向：被动穿越到三国时期，解决个人危机

练习：假如你穿越到三国时期，你会怎样做以保证自己生存下来？

5.6.4　唐朝

唐朝是历史穿越类小说写作体裁的一个穿越时间节点，其核心在于描述主角穿越到唐朝，遇到关键历史人物并解决棘手问题。

【写作技巧】

需要侧重讲解李世民、玄武门之变等知名历史人物或历史事件。

【写作方向与写作灵感】

写作方向：主动穿越到唐朝，解决历史危机

练习：假如你穿越到唐朝，遇到李世民，你最想对他说什么？

写作方向：被动穿越到唐朝，解决个人危机

练习：假如你穿越到唐朝，你会怎样做以保证自己生存下来？

5.6.5　宋朝

宋朝是历史穿越类小说写作体裁的一个穿越时间节点，其核心在于描述主角穿越到宋朝，遇到关键历史人物并解决棘手问题。

【写作技巧】

需要侧重讲解岳飞、秦桧、澶渊之盟等知名历史人物或历史事件。

【写作方向与写作灵感】

写作方向：主动穿越到宋朝，解决历史危机

练习：假如你穿越到宋朝，遇到岳飞，你最想对他说什么？

写作方向：被动穿越到宋朝，解决个人危机

练习：假如你穿越到宋朝，你会怎样做以保证自己生存下来？

5.6.6　明朝

明朝是历史穿越类小说写作体裁的一个穿越时间节点，其核心在于描述主角穿越到明朝，遇到关键历史人物并解决棘手问题。

【写作技巧】

需要侧重讲解朱元璋、于谦、北京保卫战等知名历史人物或历史事件。

【写作方向与写作灵感】

写作方向：主动穿越到明朝，解决历史危机

练习：假如你穿越到明朝，遇到朱元璋，你最想对他说什么？

写作方向：被动穿越到明朝，解决个人危机

练习：假如你穿越到明朝，你会怎样做以保证自己生存下来？

5.6.7　女频历史穿越专属

女频历史穿越专属是历史穿越类小说写作体裁的一种，其核心在于描述主角穿越到古代某一女性角色身边，遇到关键历史人物并解决棘手问题。

【写作技巧】

需要侧重讲解古代伟大的女性政治家、女性经济家。

【写作方向与写作灵感】

写作方向：穿越到武则天或关联人物身边

练习：假如成为武则天，你会怎样做来确保自己生存下来？

写作方向：穿越到花木兰或关联人物身边

练习：假如成为花木兰，你会做些什么？

写作方向：穿越到历史其他知名女性人物或关联人物身边

练习：你还想穿越到哪一位历史人物身边，为什么？

5.7 历史纪实类选题灵感写作训练

历史纪实类选题之所以能够爆火，主要原因在于 2006 年 3 月，当年明月在天涯社区首次发表《明朝那些事儿》，以此吸引了众多的历史迷读者，大家突然发现原来历史还可以通过如此诙谐有趣的方式来讲述，这几乎是颠覆式的历史纪实类内容创作。但我们不能以此来要求所有的历史纪实都必须以搞笑为主。无论严肃也好，搞笑也好，都有其市场需求，但只要触及历史纪实所需要叙述的内容，必须以历史文献和历史资料为主，如果借助了历史文献以外的内容，必须在书中明显地方予以标记。

5.7.1　严肃类历史纪实

严肃类历史纪实是历史纪实类小说写作体裁的一种，其核心在于通过严肃的口吻来介绍历史中发生的各类事情。

【写作技巧】

需要保证内容的严谨性、客观性以及相关资料的翔实性，全方面立体化解读历史事件以及历史事件背后的具体细节。

【写作方向与写作灵感】

写作方向：历史事件剖析

练习：请搜集资料，并阐述澶渊之盟对宋帝国的危害。

写作方向：历史人物传记

练习：请搜集资料并阐述朱元璋能够称帝的主要原因？

写作方向：历史变迁与发展

练习：请搜集资料并阐述土豆是从什么时候传入华夏大地的？

5.7.2　搞笑类历史纪实

搞笑类历史纪实是历史纪实类小说写作体裁的一种，其核心在于通过搞笑的口吻来介绍历史中发生的各类事情。

【写作技巧】

在保证内容的严谨性、客观性及翔实性的前提下，要采用尽可能风趣幽默的创作风格，选取有趣味性的历史事件，以现代人的视角做内容解读。

【写作方向与写作灵感】

写作方向：历史人物趣事

练习：请搜集资料，并讲解苏东坡的生平。

写作方向：不为人知的历史另一面

练习：请搜集资料，并给读者讲解东坡肉是如何制作出来的？

写作方向：历史事件的假设选题

练习：请搜集资料，并大胆假设，崇祯皇帝在成为帝王后怎样做有一定概率推迟明帝国的灭亡？

【减压涂鸦】

这是一面涂鸦墙，根据当下的心情，随你胡写乱画。(李白爱喝酒，请画出李白喝醉之后吟诗的场景。)

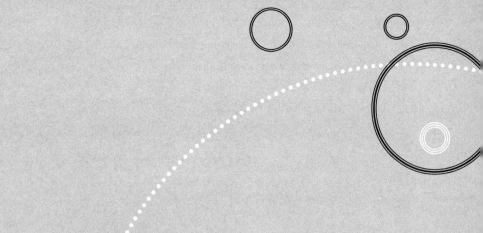

第 6 章

图文创作者可创作的
16 个新兴小说体裁

6.1　4 类 16 个新兴小说体裁

目前比较火爆的新兴小说体裁包括系统类、赘婿类、同人文以及其他类目，总计分为 4 类 16 种，见表 6-1。

表 6-1　4 类 16 个新兴小说体裁

系统类	赘婿类	同人文	其他类
常规系统	历史赘婿	小说同人	脑洞类
反差系统	玄幻赘婿	动漫同人	快穿类
	都市赘婿	电影同人	无限流
		电视剧同人	特工文
		游戏同人	年代文
			重生文

该类小说体裁有一个特点，在年轻读者群体和年轻作家群体中较为流行，且开始流行的时间相对较短，这就意味着小说圈子里面写这几类选题的竞争者相对较少，不会太过内卷，写出成绩的概率也偏高一些。但正因为是新兴创作方向，往往容易受到老牌编辑或老牌平台的排斥或打压。所以对于这几类小说选题，我们更愿意用"有机遇也有风险"来形容。

6.2　系统类选题灵感写作训练

系统类选题一直是新兴小说中的热门选题。其主要优势在于借助系统打造核心配角，让系统与主角之间形成性格和技能方面的互补，以此来引导读者持续阅读。系统类选题分为两种，分别是常规系统、反差系统。

6.2.1　常规系统

常规系统是系统类小说写作体裁的一种，其核心在于通过系统来帮助主角解决问题。

【写作技巧】

需要侧重系统的功能、对主角起到的辅助作用、系统与主角的关系以及系统能否升级等科普类内容的讲解，同时要站在主角的角度尝试接纳系统，并让系统成为主角的一部分。

【写作方向与写作灵感】

写作方向：都市常规系统

练习：假设主角在都市中绑定系统，获得了超级记忆能力，你会如何设计都市常规系统小说剧情呢？

写作方向：玄幻常规系统

练习：假设灵感如下，主角在玄幻世界中绑定了升级系统，可以快速提升修为。你会如何设计玄幻常规系统小说剧情呢？

写作方向：历史常规系统

练习：假设灵感如下，主角穿越到某一个历史阶段，拥有过目不忘技能的系统。你会如何设计历史常规系统小说剧情呢？

写作方向：游戏常规系统

练习：假如灵感如下，主角在游戏世界中绑定了快速升级系统，可以快速获得金币。你会如何设计游戏常规系统小说剧情呢？

写作方向：科幻常规系统

练习：假设灵感如下，主角在未来世界绑定超级大脑系统，获得了探索未知世界的能力。你会如何设计科幻常规系统小说剧情呢？

写作方向：体育常规系统

练习：假设灵感如下，主角在现代都市中绑定了增强体能系统，可以在体育竞技中大放异彩。你会如何设计体育常规系统小说剧情呢？

写作方向：武侠常规系统

练习：假设灵感如下，主角穿越到异世界并绑定武力值系统，可以迅速提升自身实力。你会如何设计武侠常规系统小说剧情呢？

写作方向：校园常规系统

练习：假设灵感如下，主角穿越到异世界学校后突然绑定了聆听系统，能够听到别人的所思所想。你会如何设计校园常规系统小说剧情呢？

6.2.2　反差系统

反差系统是系统类小说写作体裁的一种，其核心在于由系统来埋暗线，引导剧情发展。

【写作技巧】

需要侧重讲解系统给主角制造的困难、系统带来的麻烦、系统背后存在的惊天阴谋，同时需要站在主角的角度尝试接纳系统，要让系统起到反方向的作用，不要主动帮助主角解决问题。

【写作方向与写作灵感】

写作方向：都市反差系统

练习：假如灵感如下，你会如何设计都市反差小说剧情呢？主角在都市中绑定了倒霉系统，被迫做各种错误的事。

写作方向：玄幻反差系统

练习：假如灵感如下，主角在玄幻世界中绑定了灵力丧失系统，无法提升修为。你会如何设计玄幻反差小说剧情呢？

写作方向：历史反差系统

练习：假如灵感如下，主角穿越到某一个历史阶段，绑定了错误事件系统，系统会诱导主角做各种错误的事情。你会如何设计历史反差小说剧情呢？

写作方向：游戏反差系统

练习：假如灵感如下，主角在游戏世界中绑定了倒计时系统，大幅度增加游戏通关难度。你会如何设计游戏反差小说剧情呢？

写作方向：科幻反差系统

练习：假设灵感如下：主角穿越到异世界后突然绑定了未解之谜系统，被迫借助异世界科技去解答各类谜题。你会如何设计科幻反差系统小说剧情呢？

写作方向：体育反差系统

练习：假设灵感如下，主角在现代都市被迫绑定了体育赛事规则系统，通过改变赛事规则来实现获得冠军的目的。你会如何设计体育反差系统小说剧情呢？

写作方向：武侠反差系统

练习：假设灵感如下，主角穿越到异世界被迫绑定歌唱家系统，通过唱歌生成声波来攻击敌人。你会如何设计武侠反差系统小说剧情呢？

写作方向：校园反差系统

练习：假设灵感如下，主角随机穿越到各类高校中，被迫绑定智慧系统，完成各类系统安排的高难度任务，来提升实力，取得更好成绩。你会如何设计校园反差系统小说剧情呢？

6.3　赘婿类选题灵感写作训练

赘婿类选题一直是新兴小说中的热门选题，其主要优势为借助赘婿体裁下的男频爽文逻辑，达到提升流量的效果。赘婿类选题分为 3 种，分别是历史赘婿、玄幻赘婿、都市赘婿。

6.3.1　历史赘婿

历史赘婿是赘婿类小说写作体裁的一种，其核心在于主角在古代成为赘婿，并以赘婿身份展开各种戏剧性的故事。

【写作技巧】

需要侧重讲解与赘婿相关联的历史文化、历史风俗、历史环境，同时还需要侧重描写主角的性格，方便创作出搞笑反差情节来。最好将赘婿身份安排在某一具体的历史背景中，包括但不限于从政或经商。

【写作方向与写作灵感】

写作方向：历史穿越赘婿

练习：假设灵感如下，主角从梦中醒来发现自己成了明朝某家地主的上门女婿。你会如何设计历史穿越赘婿小说剧情呢？

写作方向：历史传统赘婿

练习：假设灵感如下，主角因家境贫困被迫成为某地主家的上门女婿。你会如何设计历史传统赘婿小说剧情呢？

6.3.2 玄幻赘婿

玄幻赘婿是赘婿类小说写作体裁的一种，其核心在于主角在玄幻世界成为赘婿，并以赘婿身份展开各种戏剧性的故事。

【写作技巧】

需要侧重讲解与赘婿相关联的修炼体系、世界等级、特殊血脉，同时还需要侧重描写主角的性格背景，方便用于后期的搞笑反差情节塑造，最好把赘婿身份限定于某一个具体的玄幻世界中，包括但不限于秘境探险、封印力量。

【写作方向与写作灵感】

写作方向：玄幻穿越赘婿

练习：假设灵感如下，主角从梦中醒来，发现自己成了玄幻世界的某宗门上门女婿。你会如何设计玄幻穿越赘婿小说剧情呢？

写作方向：玄幻传统赘婿

练习：假设灵感如下，因天赋异禀，主角被迫成为某宗门的上门女婿。你会如何设计玄幻传统赘婿小说剧情呢？

6.3.3　都市赘婿

都市赘婿是赘婿类小说写作体裁的一种，其核心在于主角在现代都市成为赘婿，并以赘婿的身份展开各种戏剧性的故事。

【写作技巧】

需要侧重讲解与赘婿相关联的社会现象和家庭关系，同时还需要侧重描写主角的性格背景，方便用于后期的搞笑反差情节塑造。最好把赘婿身份设置于某一个特殊的都市环境中，包括但不限于商业斗争。

【写作方向与写作灵感】

写作方向：都市经典赘婿

练习：假设灵感如下，主角为追求爱情，主动成为上门女婿。你会如何设计都市经典赘婿小说剧情呢？

写作方向：都市重生赘婿

练习：假设灵感如下，主角上一世成为上门女婿，被奸邪小人陷害后又获得重生。你会如何设计都市重生赘婿小说剧情呢？

6.4　同人文类选题灵感写作训练

同人文类选题一直是新兴小说中的热门选题，其主要优势是借助原有爆款小说或其他体裁的内容来吸引流量，引导读者持续阅读这本小说的后传或其他相关作品。同人文类选题分为 5 种，分别是小说同人、动漫同人、电影同人、电视剧同人和游戏同人。

6.4.1　小说同人

小说同人是同人文类小说写作体裁的一种，其核心在于对某知名小说的改编和再创作。

【写作技巧】

既可以深入解读原著小说的世界观、人物性格及情节发展，也可以给原著做后传。

【写作方向与写作灵感】

写作方向：同人小说穿越

练习：假设主角穿越到你最爱的小说中，你会如何推动剧情发展？

写作方向：同人小说后传

练习：你最爱读的小说是哪一本？如果让你写后传，你会如何创作？

6.4.2　动漫同人

动漫同人是同人文类小说写作体裁的一种，其核心在于以文字的形式对某知名动漫进行改编和再创作。

【写作技巧】

既可以针对动漫中的世界观来做小说内容创作，也可以做动漫的后传。

【写作方向与写作灵感】

写作方向：动漫同人穿越

练习：如果穿越到你最爱的动漫中，你会如何推动剧情发展？

写作方向：动漫同人后传

练习：你最爱看的动漫是哪一部？如果让你写后传，你会如何创作？

6.4.3　电影同人

电影同人是同人文类小说写作体裁的一种，其核心在于以文字的形式对某知名电影进行改编和再创作。

【写作技巧】

既可以针对电影中的世界观来做小说内容创作，也可以做电影的后传。

【写作方向与写作灵感】

写作方向：电影同人穿越

练习：假如穿越到你最爱的电影中，你会如何推动剧情发展？

写作方向：电影同人后传

练习：你最爱看的电影是哪一部？如果让你写后传，你会如何创作？

6.4.4　电视剧同人

电视剧同人是同人文类小说写作体裁的一种，其核心在于以文字的形式对某知名电视剧进行改编和再创作。

【写作技巧】

既可以针对电视剧中的世界观来做小说内容创作，也可以做电视剧的后传。

【写作方向与写作灵感】

写作方向：电视剧同人穿越

练习：假如穿越到你最爱的电视剧中，你会如何推动剧情发展?

写作方向：电视剧同人后传

练习：你最爱看的电视剧是哪一部? 如果让你写后传，你会如何

创作?

6.4.5　游戏同人

游戏同人是同人文类小说写作体裁的一种，其核心在于以文字的形式对某知名游戏进行改编和再创作。

【写作技巧】

既可以针对游戏中的世界观来做小说内容创作，也可以做游戏的后传。

【写作方向与写作灵感】

写作方向：游戏同人穿越

练习：假如穿越到你最爱的游戏中，你会如何推动剧情发展？

写作方向：游戏同人后传

练习：能否借鉴最近爆火的《黑神话：悟空》游戏，写一本《西游记后传》的主题小说？

6.5　其他类选题灵感写作训练

还有一些其他的选题，也是新兴小说中的热门选题，但这一部分选题无法做类目拆解且情况较为特殊，所以我们统一归类到了其他类，分别是脑洞类、快穿类、无限类、特工文、年代文和重生文。

6.5.1 脑洞类

脑洞类是新兴小说写作体裁的一种，其核心在于创作脑洞大开、天马行空，具备新鲜感和猎奇感的小说。

【写作技巧】

将两种或多种写作选题进行混搭，包括但不限于历史穿越、玄幻穿越、科技末日或东西方元素混搭，以此来打造读者更爱看的趣味性内容。

【写作方向与写作灵感】

写作方向：趣味脑洞小说

练习：你有没有可以让读者哈哈大笑的冷笑话？

写作方向：反差脑洞小说

练习：你认为玄幻小说中的师徒关系怎样写更搞笑？

写作方向：混搭脑洞小说

练习：你有哪些奇妙的混搭小说灵感？

写作方向：穿越脑洞小说

练习：如果给你一次穿越机会，你愿意穿越到过去还是未来？

写作方向：科幻脑洞小说

练习：你认为未来人的主要交通工具是什么？

写作方向：体育脑洞小说

练习：你觉得未来足球赛事的晋级标准是什么？

写作方向：历史脑洞小说

练习：假如你穿越到明朝，你如何以现代人的身份生存下去？

写作方向：同人脑洞小说

练习：假如你穿越到《西游记》中变成牛魔王，你第一时间做什么？

写作方向：都市脑洞小说

练习：如果让你写现代都市的赘婿文，你认为哪些梗可以用呢？

写作方向：玄幻脑洞小说

练习：玄幻小说中传统的升级套路太过老旧，你觉得还有哪些可迭代的方法呢？

写作方向：仙侠脑洞小说

练习：传统仙侠小说中，主角获得武林秘籍的方式太过老套，如果让你创作，你会让主角怎样获得这些秘籍呢？

写作方向：武侠脑洞小说

练习：你认为当代武侠小说的通病是什么？你更喜欢看哪些武侠小说呢？

写作方向：江湖脑洞小说

练习：你认为江湖小说和武侠小说有什么区别？如果你穿越到古代成为一名侠客，你怎样在江湖中站稳脚跟？

写作方向：都市末日脑洞小说

练习：你认为未来人类会遇到哪些给地球带来毁灭的巨大灾难？他们会如何与这些灾难抗衡呢？

写作方向：都市丧尸脑洞小说

练习：假如未来世界真的出现丧尸，刚好你又穿越到了未来，你会如何保护自己？

写作方向：言情脑洞小说

练习：霸道总裁文中的总裁为什么是男性？如果总裁是女性，你会如何创作？

写作方向：悬疑脑洞小说

练习：假如你穿越到一个密闭空间中，你会如何凭借有用的信息来帮助自己逃离困境？

写作方向：恐怖脑洞小说

练习：假如你穿越到了无限梦境中，你会如何在一轮又一轮的梦境中脱离出来？

写作方向：灵异脑洞小说

练习：假如你穿越到了灵异世界成了小道士，你会如何处理这些灵异事件？

写作方向：惊悚脑洞小说

练习：你知道哪些令人后背发凉的故事，这些故事能否写在小说中？

写作方向：军事战争脑洞小说

练习：假如处于未来科技高速发展下的人类，对现代的人类发起进攻，你会如何利用时间规则来击败对方？

6.5.2　快穿类

快穿类是新兴小说写作体裁的一种，其核心在于创作出具备穿越属性，且能够快速穿越到多个世界，以此来吸引读者阅读的小说。

【写作技巧】

侧重于不同故事章节的持续，维持章节数在 10 ～ 50 章之间，充分表现人物之间的矛盾冲突。

【写作方向与写作灵感】

写作方向：快穿历史小说

练习：假如能够以某一个特定身份频繁穿越不同的历史时代，你希望这个身份是什么？

写作方向：快穿同人小说

练习：假如你能够穿越到某本小说中，你最愿意穿越到哪一本？

写作方向：快穿都市小说

练习：假如能够以某个特定身份频繁穿越到不同的城市中，你想要怎样的身份？

写作方向：快穿游戏小说

练习：假如你能够穿越到某一系列的游戏中，你最希望获得的金手指是什么？

6.5.3　无限流

无限流是新兴小说写作体裁的一种，其核心在于创作出包罗万象、拥有诸多元素且能够进行整合的小说。

【写作技巧】

侧重于创建小说中的大小副本，大副本可以归类到大主线中，小副本则是由一个又一个的支线任务组成，可以通过闯关模式来打造无限流网文。

【写作方向与写作灵感】

写作方向：无限闯关小说

练习：假如你穿越到一个游戏中，需要不断闯关升级才能够击败敌人，你会怎么做？

写作方向：异能吞噬小说

练习：假如在一个异世界，你获得了吞噬能力，可以不断吞噬周边异能，你会如何变强？

6.5.4　特工文

特工文是新兴小说写作体裁的一种，其核心在于创作出具备谍战属性的小说。

【写作技巧】

需要侧重于特工的职业特性，适当穿插一些紧张或有悬念的情节，引导读者阅读，同时特工们又非常适合扮猪吃老虎，通过制造爽点或打脸剧情来引导读者持续阅读。

【写作方向与写作灵感】

写作方向：男频特工文

练习：以特工男主在校园执行任务为主题，写一个小说构思。

写作方向：女频特工文

练习：以特工女主在超市执行任务为主题，写一个小说构思。

写作方向：双主角特工文

练习：以双男主或双女主执行特工任务为主题，写一个小说构思。

写作方向：反差特工文

练习：以主角莫名其妙成为特工为主题，写一个小说构思。

6.5.5　年代文

年代文是新兴小说写作体裁的一种，其核心在于创作出以特定历史时期为背景的小说。

【写作技巧】

侧重于时代背景的描写，尤其是网文中的主要人物要合理地融入时代背景中，同时还要贴合当时的文化特色以及风俗习惯。

【写作方向与写作灵感】

写作方向：男频年代文

练习：你年轻时，最爱玩的游戏是什么？

写作方向：女频年代文

练习：你年少时，购买的知名度最高的化妆品是什么？

写作方向：年代穿越文

练习：假如能够穿越到 20 年前，你会做什么？

写作方向：年代回忆文

练习：你认为你年少时最值得纪念的一件事是什么？

6.5.6　重生文

重生文是新兴小说写作体裁的一种，其核心在于创作出主角死后重生的故事。

【写作技巧】

侧重于时空穿越，给主角设定一个时空穿越点，主角在经历一世之后再穿越到设定好的时空穿越点，重新活过一世，来实现人生逆袭，这样创作更能够吸引读者阅读。

【写作方向与写作灵感】

写作方向：都市重生文

练习：以都市重生逆袭为主题，写一个小说构思。

写作方向：历史重生文

练习：以历史人物重生逆袭为主题，写一个小说构思。

写作方向：玄幻重生文

练习：以玄幻世界的一代大能被好友背刺后重生为主题，写一个小说构思。

写作方向：体育重生文

练习：以体育竞技时运动赛选手突遭意外为主题，写一个小说构思。

写作方向：末日重生文

练习：以末日世界主角濒临绝境为主题，写一个小说构思。

【减压涂鸦】

这是一面涂鸦墙，根据当下的心情，随你胡写乱画。(在一部重生文中，你的人生一败涂地，你已经失去了活下去的勇气，于是选择了轻生。然而，失败的人设让你死都死不了，每一次自杀都会从死神手里被救回来。现在，请续写这个故事。写出你在小说中从死神手里被救回之后可能出现的变化。)

6.6　新兴小说选题灵感写作训练及变现渠道拆解

新兴小说体裁的优势在于：之前的作家群体没有写过，或是很少写过。大家要明白我们为什么要把新兴小说写作体裁单独罗列出来，是因为这一部分写作体裁本身自带市场。我举一个最简单的案例：近年来网络文学领域一直鼓吹"玄幻小说没有活路"，为什么玄幻小说没有活路？那是因为在 2014年到 2016 年间，数不清的玄幻作家已经写出了很多顶尖的玄幻小说，这个时候如果普通人再想分玄幻小说的一杯羹，难度很大。

新兴小说体裁反而给新人带来了更多的新机遇，除了上述新兴小说体裁之外，还包括但不限于规则怪谈、诡异入侵等诸多的新兴小说选题，对新人也非常友好，值得一试。但因为篇幅原因，我们不再额外讲解，新兴小说体裁的变现平台更建议选择番茄小说网、七猫中文网等新兴平台，被认可度会更高一些。

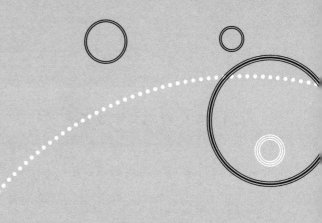

第 7 章

图文创作者可创作的
3 个日记类体裁

7.1　3 个日记类体裁讲解

比较常见的日记类体裁可分为 3 类，分别是流水账日记体、个人成长日记体、励志 IP 日记体，具备以下三大共性：

其一，私密属性。日记更多的是记录作者的个人感悟、个人想法、个人生活经历，类似于我们的心灵空间，是我们寄托情感和思想的地方。

其二，时间属性。日记绝大多数都是以时间轴为主要记录顺序的，记录我们从过去到现在，从现在到未来每时每刻的变化，由此来留住生活中美好的点点滴滴。

其三，习惯属性。写日记通常是作家长期、定期记录生活的一种行为和模式，这种习惯不仅会把日记变成生活中不可或缺的一部分，还更有利于持续、精进写作，更好地提升我们的写作技巧和文笔。

除此之外，大部分的日记与变现几乎没有任何关系，这就意味着我们如果想要在日记类的体裁中写出好的作品，只依托于写作变现是远远不够的。这一部分图文创作往往是出于我们创作的本能，即我们已经习惯了如此这般创作。

7.2　日记类选题写作灵感训练

因为日记体相对特殊，所以在本小节中，我们对流水账日记体、个人成长日记体、励志 IP 日记体做合并讲解，不再单独区分小节。且理论上来说，以上三大日记类创作体裁已经囊括了日记体中的大部分内容，对图文创作的新手来说足矣。

7.2.1　流水账日记体

流水账日记体是日记类体裁的一种，其核心在于记录日常生活中的点滴。

【写作技巧】

需要侧重于日常生活中琐碎但反映生活和心理路程的事情，包括但不限于今天早餐吃了什么、午餐吃了什么、今天和谁说话了、今天心情如何等。

【写作方向与写作灵感】

写作方向：一日三餐记录

练习：你最近一次点外卖是什么时候？为什么会点这份外卖呢？

写作方向：学习或工作记录

练习：你最近一次升职加薪是什么时候？领导为什么会同意给你升职加薪呢？

写作方向：心情变化记录

练习：你这几天开心还是不开心呢？这中间发生了什么事呢？

写作方向：运动与健康记录

练习：你最喜欢的运动是哪一项？你现在的身体健康状况如何？

写作方向：人际交往记录

练习：你最好的朋友是谁？是在什么情况下认识的？

写作方向：交通出行记录

练习：你平日里的主要通勤工具是什么？

写作方向：个人财务记录

练习：你上个月花了多少钱？最大的一笔花销花在哪里了？

写作方向：读书心得记录

练习：你最喜欢读的一本书是什么？你最近读过这本书吗？

写作方向：购物经历记录

练习：你最近一次去超市购物购买了什么产品？为什么购买？

写作方向：自我反思记录

练习：最近几天，你有没有做错过事儿？具体是哪些事儿呢？

写作方向：突发事件记录

练习：最近几天，有没有一些突发事件打乱了你原有的计划安排？

写作方向：其他生活记录

练习：你养的宠物猫 / 狗，最近几天有没有惹你生气？

7.2.2　个人成长日记体

个人成长日记体是日记类体裁的一种，其核心在于聚焦自己的每一次进步，每一次成长。

【写作技巧】

需要侧重于自己的成长经历，包括学习技能、面对挑战、克服困难等多种情况下的经历以及所思所感，每天进步一点点。

【写作方向与写作灵感】

写作方向：记录每天的学习进步

练习：相比于昨天，你今天努力学习后有哪些进步？

写作方向：记录每天的工作进步

练习：相比于昨天，你今天努力工作后有哪些进步？

写作方向：记录解决困难的过程

练习：你最近一次遇到的困难是什么？困难是通过什么方式解决的？

写作方向：记录解决性格缺陷的过程

练习：你有没有冲动暴躁的时候？你会通过做哪些事来控制情绪？

写作方向：记录对某件新事物的新看法

练习：过去一年时间，你对人工智能的态度发生了哪些转变？

写作方向：记录一次成功的挑战

练习：你有没有减肥的想法或念头，最终有没有减肥成功呢？

写作方向：记录一次勇敢的行为

练习：你第一次在公开场合发表意见是什么时候？为什么发表意见？

写作方向：记录帮助他人或被他人帮助的经历

练习：你最近一次帮助别人是什么时候？为什么帮助他？

写作方向：记录克服恐惧的过程

练习：你有没有特别害怕的事情？如果害怕的事情真的出现，你会如
何应对？

写作方向：记录高效工作或学习的小窍门

练习：你有没有办公的小窍门，能快速提高工作效率？

写作方向：记录技能成长的过程

练习：读完这本书后，你的写作技能有没有提升？如果有，是哪些方面有提升呢？

7.2.3　励志 IP 日记体

励志 IP 日记体是日记类体裁的一种，其核心在于记录一个人或一支团队的成长历程，以及对未来发展的期望。

【写作技巧】

需要侧重于自己过去一段时间的发展变化及对未来一段时间的发展预期，内容一般要积极向上，且充满正能量。

【写作方向与写作灵感】

写作方向：梦想及实操步骤

练习：你今年的梦想是什么？你准备怎样实现它？

写作方向：困难及克服方案

练习：遇到短期内无法解决的困难，你一般会怎样做？

【减压涂鸦】

这是一面涂鸦墙，根据当下的心情，随你胡写乱画。(加缪说：欲望总是以倦怠收场。然而，每天都在拼命奋斗的我们，如果没有欲望支撑，确实很难坚持下去。给自己一个奖励吧，把它画出来。)

7.3 日记类体裁的变现渠道拆解

其实在 7.1 节我们就已经讲明白了，很多人写日记并没有指望着日记变现，而是记录自己的点点滴滴，这和日记体本身的市场定位相贴合，毕竟不是每一个人都愿意随时随地拿出自己的日记，供亲朋好友去浏览观看，所以这也就导致日记类体裁几乎无法变现，没有任何可变现的渠道。如果非要说有的话，也仅此一种，且门槛极高——图书出版，以回忆录的方式做图书内容创作。

但是这里面又有一个非常棘手的问题，个人的自传或回忆录几乎没有任何市场，个人自传内容指望能够引爆图书市场，获得读者认可，几乎是难如登天。这也就导致对于普通人来说，日记类体裁没有任何可变现渠道。

既然没有任何可变现渠道，为什么还会有人去创作日记类体裁呢？我认为有两方面原因，一方面，青春留痕。很多情况之下，我们的写作不只依托于写作变现，尤其是日记类体裁，它更类似于为青春留下痕迹。在若干年后，我们无意间发现了自己年轻时写过的日记，拿到手中看一看，或许此时你的双手已微微发抖，原来这就是我的青春呢！

另一方面，自我对话与反思。很多人写日记往往是一个自我对话的过程：今天我经历了什么，遇到了什么，做错了什么事，做对了什么事，哪些可以奖励自己，哪些需要批评自己，什么事情可以继续坚持，什么事情应该尽早放弃。这些内容如果以日记的方式梳理，对我们的个人成长也有极大帮助。

总的来说，日记类体裁的变现渠道几乎为零，但对个人成长和青春留痕的意义很大。

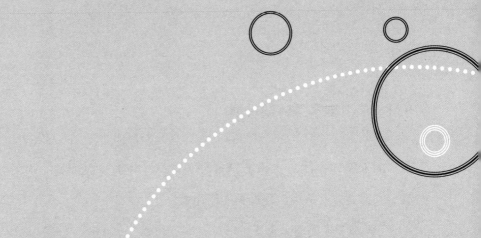

第 8 章   图文创作者可创作的
7 个剧本杀体裁

8.1　7 个剧本杀体裁讲解

剧本杀写作体裁总体上讲可分为 7 类，分别是推理类、欢乐类、爱情类、亲情类、友情类、恐怖类、策略类。

7 类剧本杀体裁具备 3 个共性。

其一，故事性。无论是 7 种剧本杀体裁当中的哪一种，都必须要有引人入胜的故事，可以说故事就是剧本杀的灵魂，如果剧本杀中的故事让读者读不懂，玩不明白，那这样的剧本杀就算不上好剧本杀。

其二，角色性。每一位剧本杀当中的角色扮演者都应该找到自己的定位，应该在这个本子中有自己的台词话术、目的及任务线，剧本杀内容创作过程中最忌讳的就是刻意忽略某一位或两位玩家，让这 1 ～ 2 位玩家毫无游戏体验感，这是有违剧本杀创作底层逻辑的。

其三，平衡性。剧本杀内容创作时因为需要多位游戏玩家参与进来，所以就不可能搞一家独大，需要让多位游戏玩家相互平衡、相互关联，如果某一位玩家开游戏天眼，会导致游戏严重失衡，游戏玩家的体验感会很差。

8.2　剧本杀选题灵感写作训练

因剧本杀体裁相对特殊，所以在本小节当中，我们对推理类、欢乐类、爱情类、亲情类、友情类、恐怖类、策略类等 7 类剧本杀做合并讲解，不再单独区分小节创作，且理论上来说，以上 7 类剧本杀创作体裁已经囊括了剧本杀中的大部分创作内容，对于图文内容创作者来说足够用了。

8.2.1　推理类

推理类剧本杀是剧本杀写作体裁的一种，其核心在于创作出具备推理属性的剧本杀。

【写作技巧】

侧重于构建扣人心弦的犯罪案件，然后梳理错综复杂的人物关系线索，最终找出真正的行凶者。

【写作方向与写作灵感】

写作方向：都市侦探故事

练习：如果让你写一个"谁是凶手"的剧本杀，你会设计怎样的离奇剧情？

写作方向：历史悬疑故事

练习：如果让你写一个历史悬案的剧本杀，你会设计怎样的离奇剧情？

写作方向：野外探险故事

练习：如果让你写一个野外探险的剧本杀，你会设计怎样的困难和挑战？

写作方向：其他剧情反转故事

练习：你觉得哪些反转故事可以应用在剧本杀中？

8.2.2　欢乐类

欢乐类剧本杀是剧本杀写作体裁的一种，其核心在于创作出具备欢乐属性的剧本杀。

【写作技巧】

侧重于规避沉重情节以及烧脑的剧情设计，以简单粗暴、搞笑欢乐为主要内容创作方向。

【写作方向与写作灵感】

写作方向：角色扮演游戏

练习：你最喜欢玩的角色扮演剧本杀是哪一本？

写作方向：疯狂派对游戏

练习：你认为疯狂派对类型的剧本杀有哪些游戏硬伤？

写作方向：其他搞笑误会游戏

练习：你认为在剧本杀中哪些误会的剧情设计更为巧妙？

8.2.3　爱情类

爱情类剧本杀是剧本杀写作体裁的一种，其核心在于创作出具备爱情属性的剧本杀。

【写作技巧】

侧重于构造浪漫的爱情故事，最好能触及不同人物、不同感情线间的情感纠葛。

【写作方向与写作灵感】

写作方向：爱情浪漫邂逅

练习：你认为爱情类的剧本杀中哪些男女爱情故事最老套？

写作方向：爱情纠葛

练习：在玩爱情类剧本杀时，你会代入个人感情吗？

写作方向：爱情中的禁忌之恋

练习：你如何看待爱情中禁忌之恋类型的剧本杀？

8.2.4　亲情类

亲情类剧本杀是剧本杀写作体裁的一种，其核心在于创作出具备亲情属性的剧本杀。

【写作技巧】

侧重于叙述亲情的珍贵，可以设置泪点，内容创作时通常以家庭关系展开剧情。

【写作方向与写作灵感】

写作方向：家庭纷争

练习：家庭类型的剧本杀，你是喜欢温情的还是有裂痕的？

写作方向：家庭亲情

练习：你认为家庭类的剧本杀应该凸显怎样的价值观？

写作方向：找寻失散家人

练习：如果让你设计一本剧本杀，要求剧情包括找寻失散的家人，你会怎样设置伏笔？

8.2.5　友情类

友情类剧本杀是剧本杀写作体裁的一种，其核心在于创作出具备友情属性的剧本杀。

【写作技巧】

侧重于讲述朋友间的共同成长，可以增加多种人物人设，以此来增加趣味性。

【写作方向与写作灵感】

写作方向：共同冒险主题

练习：友情类剧本杀真的能够促进友谊吗？你怎么看待这件事？

写作方向：朋友误会主题

练习：友情类剧本杀，你认为哪些误会梗更好玩？

写作方向：友情守护主题

练习：友情类剧本杀，你遇到过"背刺队友"的剧情吗？

写作方向：友情和解主题

练习：大家在玩友情和解主题的剧本杀时，会感到尴尬吗？

8.2.6　恐怖类

恐怖类剧本杀是剧本杀写作体裁的一种，其核心在于创作出具备恐怖属性的剧本杀。

【写作技巧】

侧重于烘托氛围，尤其包括但不限于恐怖环境或恐怖道具。

【写作方向与写作灵感】

写作方向：连环杀手主题

练习：连环杀手主题的剧本杀，反派一般有怎样的特性？

写作方向：各类都市传说

练习：你知道哪些有趣的都市传说？这些都市传说能应用在剧本杀中吗？

写作方向：诅咒与邪恶力量

练习：你玩过最恐怖的剧本杀游戏是哪一本？

8.2.7　策略类

策略类剧本杀是剧本杀写作体裁的一种，其核心在于创作出具备策略属性的剧本杀。

【写作技巧】

侧重于玩家与玩家间的智力博弈，往往没有明显的胜负方，胜负皆在意料之外。不到最后一个关卡很难分辨出谁赢谁输，这对于玩家来说，挑战更激烈一些。

【写作方向与写作灵感】

写作方向：资源争夺主题

练习：你玩过资源争夺类的剧本杀吗？在这一类剧本杀中，重要的是合作还是竞争？

写作方向：阵营对抗主题

练习：在阵营对抗类的剧本杀中，如何在第一时间找到奸细或密探？

写作方向：生存游戏主题

练习：你玩过生存类型的剧本杀吗？你认为这一类剧本杀，除了囤物资、囤卡牌外，还有哪些新奇的点可以开发呢？

【减压涂鸦】

这是一面涂鸦墙，根据当下的心情，随你胡写乱画。（还记得最近一次剧本杀的"猪队友"吗？画出他 / 她的样子。)

8.3　剧本杀体裁的变现渠道拆解

剧本杀的投稿变现有别于其他几类变现方式，剧本杀的创作模式是一种非常特殊的专业题材定制模式，我们需要针对剧本杀平台提出的需求来创作与之匹配的剧本杀内容。为了便于大家理解，下面给大家展示一页某剧本杀中关于推理类剧本杀的审核标准方向。

【推理本审核方向】

1. 人物剧本厚度足以完整叙述剧情，背景故事和剧情精彩，人物联系紧密复杂，角色行为逻辑符合人设，具有代入感，个人剧情字数最低要求为 1500 字（其中不包含时间线）。

2. 整体布局，主线严谨有序，换位玩家角度能够理解剧本结构和原理。

3. 诡计设计有新意，避免单层逻辑，尽量不要使用自创延时性毒药，推理难度符合设定，不可过于简单，线索和时间线设置合理，有完整逻辑链指向案件真相，避免主观推测。

4. 解析完整，能够解释所有剧情疑点并给出推理过程。

5. 文笔描写和整体意境匹配，错别字和语病较少，故事性和深度足够。

6.避免负能量主题，尽量富含反思和文化底蕴。

7.关于误杀、激情杀人、自杀，需要有严谨的逻辑链支撑，不可以单从心理描写、杀人动机等方面确定误杀、自杀或激情杀人。

8.尽量避免"每人都动手"的行为和时间线设计。

针对上述推理本审核方向，我给大家简单拆解一下推理本审核中的几个核心条件。

其一，主要人物需要有单独的故事线，不能一笔带过，尤其是主要人物在做主要事情的时候，绝不允许出现时间线缺失或者时间线混乱的情况。

其二，剧本杀的内容虽然是推理本，但难度要适当。不能过于简单，也不能过于复杂，要给读者预留推理的时间和推理的底层逻辑。

其三，对于剧本杀中出现的一系列重大案件，必须要有足够的逻辑链进行支撑，绝对不能变成激情作案。因为激情作案本身不具备逻辑性，对于推理类的剧本杀来说，很容易得到差评。

其四，要最大可能避免所有人都有动机，这一类设计在剧本杀中，对新手很不友好，剧本杀老手玩家很有可能通过改变其中 1～2 个设定，轻松躲避嫌疑，最终让新手玩家得不到好的游戏体验。

此外，因为剧本杀变现更类似于投稿收稿的模式，投稿方是固定的，但收稿方一般是不固定的，尤其是近年来剧本杀的市场发展颇有些下滑趋势，会导致部分剧本杀公司或平台收稿需求严重下降，再加上市场上好的剧本杀比例偏低，收稿方对剧本杀的精品需求程度较为狂热，所以容易出现剧本杀的极端市场。一方面，大部分剧本杀平台可能存在生存期短的情况；另一方面，部分剧本杀平台有长期稳定的发展规划，对于优秀稿件能够给予较高的稿费，这就导致了剧本杀投稿变现平台的不稳定，如果大家有意向进行剧本杀内容创作，更建议大家在公众号或今日头条直接检索剧本杀投稿，来获得最新的对接渠道。

第 9 章　　**26 个付费 IP 类体裁**
灵感写作训练

9.1　26 个付费 IP 类体裁讲解

付费 IP 类体裁总共分为 26 个，见表 9-1。

表 9-1　26 个付费 IP 类体裁

母婴类	育儿类	教育类	职场人际关系类	职场人性类	职场高效办公类
职场公文写作类	职场技能提升类	职场兼职副业类	职场基础认知类	历史解读类	体育解读类
国际政治科普类	三农科普类	科学科普类	科学辟谣类	养生类	健身类
财经类	法律类	医生类	本地生活类	本地消费类	心理类
影视解读类	影视宣传类				

26 个付费 IP 类体裁具备四个共性。

其一，质量普遍偏高。知识付费可以理解为读者群体花钱去买你的核心知识、核心产品。这一部分产品，如果全网可查到，很容易败坏口碑，所以但凡有做 IP 规划的作家，在做知识付费内容时，对质量的把控是极其严苛的。

其二，系统性教学。大部分的非 IP 内容很有可能不需要具备连贯性和普适性，但知识付费内容想要让读者给好评，让读者能够有所得、有所获，就必须保证是系统化教学，即内容具备逻辑性。

其三，针对性强。知识付费产品一般只针对某一个单一垂类，包括但不限于母婴类、育儿类、教育类、职场人际关系类等，每一个知识付费产品都是只针对某一体裁或某一赛道的。

其四，具备附加价值。部分知识付费的 IP 类内容，往往具备配套的服务，这些往往是付费 IP 的重头戏。

9.2　付费 IP 类选题灵感写作训练

因付费 IP 类题材相对特殊，所以在本小节中，我们对母婴类、育儿类、教育类、职场人际关系类、职场人性类、职场高效办公类、职场公文写作类、职场技能提升类、职场兼职副业类、职场基础认知类、历史解读类、体育解读类、国际政治科普类、三农科普类、科学科普类、科学辟谣类、养生类、健身类、财经类、法律类、医生类、本地生活类、本地消费类、心理类、影视解读类、影视宣传类分别做方向拆解，主要目的为给大家提供方向灵感和思路。

9.2.1　母婴类

母婴类是付费 IP 类写作题材的一种，其核心在于创作出与母婴相关的知识付费内容。

【写作技巧】

侧重于从专业知识的角度为用户解读孕妇及新生儿的健康问题、营养问题、护理问题等。

【写作方向与写作灵感】

写作方向：备孕知识科普

练习：为什么有一些准妈妈怀孕后会对某些特定气味非常敏感呢？

写作方向：孕期保健知识

练习：准妈妈怀孕后还能使用化妆品吗？

写作方向：婴幼儿护理技巧

练习：宝宝出生后，父母第一时间应该做什么？

写作方向：亲子互动游戏

练习：你知道哪些有趣的亲子游戏？

9.2.2　育儿类

育儿类是付费 IP 类写作题材的一种，其核心在于创作出与育儿相关的知识付费内容。

【写作技巧】

侧重于从专业角度为用户解读育儿方法、儿童的心理健康及安全问题。

【写作方向与写作灵感】

写作方向：孩童成长发育

练习：孩子几岁就可以尝试一个人睡觉了？

写作方向：理论教育实操

练习：你认为哪些教育理念对 6 岁以下的孩子最合适？

写作方向：心理健康成长

练习：孩子自己一个人偷偷生闷气，父母应该怎么办？

写作方向：情商智商培养方法

练习：如何提升孩子情商，让孩子明事理？

9.2.3　教育类

教育类是付费 IP 类写作题材的一种，其核心在于创作出与教育相关的知识付费内容。

【写作技巧】

侧重于从专业知识的角度给用户解读教育理念、教育政策、学习方法等问题。

【写作方向与写作灵感】

写作方向：小学教育策略

练习：如何提升孩子小学的学习成绩？

写作方向：中学教育策略

练习：孩子高三努力学习对成绩提升有多大的帮助？

写作方向：大学教育策略

练习：大学生如何制定学习规划来快速成长？

写作方向：家庭教育与社会教育结合

练习：孩子在家庭以外的地方发生矛盾，父母应该如何处理解决？

9.2.4　职场人际关系类

职场人际关系类是付费 IP 类写作题材的一种，其核心在于创作出与职场人际关系相关的知识付费内容。

【写作技巧】

侧重于从专业角度给用户讲解职场中对上级领导、对平级同事、对下级员工的关系处理问题。

【写作方向与写作灵感】

写作方向：职场同事间沟通技巧

练习：入职第 1 天，如何做自我介绍？

写作方向：职场员工与领导沟通技巧

练习：找领导汇报任务，有哪些开场白必须说？

写作方向：职场冲突巧妙化解

练习：和同事发生矛盾后，如何缓解？

写作方向：职场人脉高效搭建

练习：如何在公司高层领导面前留下深刻印象？

9.2.5　职场人性类

职场人性类是付费 IP 类写作题材的一种，其核心在于创作出与职场人性相关的知识付费内容。

【写作技巧】

侧重于从专业的角度给用户讲解职场中关于名誉或利益的纷争以及如何能够抓住属于自己的机遇。

【写作方向与写作灵感】

写作方向：职场心理学

练习：末位淘汰制为什么会被员工厌恶？

写作方向：职场心态调整

练习：因工作问题导致情绪抑郁，该如何解决？

写作方向：职场利益纷争

练习：同事都涨工资了，唯独自己没涨，你该怎么办？

写作方向：职场自我规划

练习：你做过职场规划吗？你认为未来5年你能达到怎样的职场成就？

9.2.6 职场高效办公类

职场高效办公类是付费 IP 类写作题材的一种，其核心在于创作出与职场高效办公相关的知识付费内容。

【写作技巧】

侧重于从专业角度给用户讲解职场中能够提高办公效率的软件程序，以及高效率办公思维、思路等。

【写作方向与写作灵感】

写作方向：职场高效时间管理

练习：如果你现在既需要出外勤，又需要做汇报，同时还要做课件，你会怎样管理时间？

写作方向：职场高效流程优化

练习：你认为你们公司有没有工作流程方面的问题或失误？

写作方向：职场软件快速上手

练习：你有没有快速学习过 word 文档的教程？

写作方向：职场计划合理搭建

练习：你给自己制定过单日的职场计划吗？如果有，能否展示一下？

9.2.7　职场公文写作类

职场公文写作类是付费 IP 类写作题材的一种，其核心在于创作出与职场公文写作相关的知识付费内容。

【写作技巧】

侧重于从专业角度给用户讲解职场中不同类型的公文创作，以及公文创作时需要兼顾的对象等诸多问题。

【写作方向与写作灵感】

写作方向：个人公文写作技巧

练习：企业年会时，让你写一份工作汇报演讲稿，你会怎样写？

写作方向：领导公文写作技巧

练习：为什么给领导写公文时，对部分特殊字要用错别字替代呢？

写作方向：商务邮件撰写要点

练习：写简历的时候，应该侧重表现哪些成绩呢？

写作方向：职场商业计划书

练习：如果让你写一份职场项目规划书，你会怎样写？

9.2.8　职场技能提升类

职场技能提升类是付费 IP 类写作题材的一种，其核心在于创作出与职场技能提升相关的知识付费内容。

【写作技巧】

侧重于从专业角度给用户讲解职场中快速实现技能提升，以及技能提升后的个人薪资福利等诸多问题。

【写作方向与写作灵感】

写作方向：专业技能提升

练习：你目前的工作岗位是什么？如何能够提升自己的专业技能？

写作方向：职业发展规划

练习：关于你现在的工作，有没有具体可实操的发展规划？

写作方向：行业趋势分析

练习：你认为你所工作的行业未来发展前景如何？

写作方向：技能提升与薪资关系

练习：当你的职业技能提升后，如何找领导索要更高工资？

9.2.9　职场兼职副业类

职场兼职副业类是付费 IP 类写作题材的一种，其核心在于创作出与职场兼职副业相关的知识付费内容。

【写作技巧】

侧重于从专业角度给用户讲解打造兼职副业的必要性，以及普通人适合做哪些兼职副业，同时给用户做定向匹配，以帮助用户实现副业变现。

【写作方向与写作灵感】

写作方向：兼职行业分析

练习：你认为当下阶段最适合普通人的兼职工作是什么？

写作方向：兼职行业推荐

练习：你有没有可推荐的，能够立马实操且短期可实现变现的兼职副业？

写作方向：主副业切换的时间管理技巧

练习：你认为从事主职工作和兼职副业的过程中，最需要平衡的是什么？

写作方向：副业发展规划

练习：对于你的副业你有没有发展规划？想不想把副业变成自己的主职工作，为什么？

9.2.10　职场基础认知类

职场基础认知类是付费 IP 类写作题材的一种，其核心在于创作出与职场基础认知相关的知识付费内容。

【写作技巧】

侧重于从专业角度给用户讲解职场当中的基础认知，包括但不限于职场中上下级之间的关系、职场同事之间的竞争合作关系以及职场礼仪等诸多问题。

【写作方向与写作灵感】

写作方向：职场新人指导

练习：在职场中你有没有带过新人？你认为新人最容易犯什么错误？

写作方向：职场情商培训

练习：在办公室最常见的话术是什么？如何快速提升自己的情商？

写作方向：行业基础规则培训

练习：你所在的行业有哪些基础规则是新人必须掌握的？

9.2.11　历史解读类

历史解读类是付费 IP 类写作题材的一种，其核心在于创作出与历史解读相关的知识付费内容。

【写作技巧】

侧重于从专业角度给用户讲解历史人物、历史事件，以及历史事件带来的启发，让诸多历史迷能够以史为鉴，同时提高认知、获得成长。

【写作方向与写作灵感】

写作方向：历史事件剖析

练习：你认为朱元璋是一位伟大的皇帝吗？为什么？

写作方向：历史人物与历史背景分析

练习：有人说朱元璋是唯一一位从南到北一统天下的封建王朝帝王，真的如此吗？

写作方向：历史人物传记

练习：你认为明朝最后一位皇帝崇祯皇帝是明君还是昏君？

写作方向：历史背后的文化现象解读

练习：南北宋时期的交子是在什么背景下产生的?

9.2.12　体育解读类

体育解读类是付费 IP 类小说写作题材的一种，其核心在于创作出与体育解读相关的知识付费内容。

【写作技巧】

侧重于从专业角度给用户讲解体育竞赛、体育科普知识及与体育相关的投资理财等诸多知识点。

【写作方向与写作灵感】

写作方向：体育赛事分析

练习：你最喜欢看的足球赛事是哪一场?

写作方向：运动员表现分析

练习：你最喜欢的乒乓球运动员是谁？他在最近 3 场乒乓球大型赛事中的表现如何？

写作方向：运动员主题专访

练习：你最喜欢的运动员是谁？他接受采访时说的哪句话最能触动你？

写作方向：体育精神探讨

练习：你认为体育赛事传递的体育精神中哪一种精神最高尚？

9.2.13 国际政治科普类

国际政治科普类是付费 IP 类写作题材的一种，其核心在于创作出与国际政治科普相关的知识付费内容。

【写作技巧】

侧重于从专业角度给用户讲解国与国之间的关系，包括但不限于国际政治、国际投资和国际理财等诸多知识点。

【写作方向与写作灵感】

写作方向：国际局势分析

练习：你如何看待联合国五大常任理事国之间的关系？

写作方向：国际组织机构介绍

练习：你认为国际上哪一个组织机构对人类文明的发展进步起到的推动作用最大？

写作方向：国际企业讲解

练习：你认为哪一家跨国企业在新能源汽车行业影响力最大？

写作方向：国际投资理财及机遇分析

练习：你认为现阶段的国际投资理财和 20 年前的国际投资理财相比有什么区别？

9.2.14　三农科普类

三农科普类是付费 IP 类小说写作题材的一种，其核心在于创作出与三农科普相关的知识付费内容。

【写作技巧】

侧重于从专业角度给用户讲解农业、农村和农民的相关知识点，帮助读者群体做好农村的投资理财及农村的投资创业。

【写作方向与写作灵感】

写作方向：农业知识科普

练习：为什么说二十四节气的变换对农民伯伯非常重要？背后的原因是什么？

写作方向：农业新技术介绍

练习：你知道最近 10 年在农业领域最重要的新技术是什么吗？

写作方向：农业防病防虫等防治方法

练习：白菜心里长虫子了，应该怎么做以挽回损失？

写作方向：农产品市场营销

练习：你认为哪一个地方的大米最好吃？这个地方的大米有什么特色？

9.2.15 科学科普类

科学科普类是付费 IP 类写作题材的一种，其核心在于创作出与科学科普相关的知识付费内容。

【写作技巧】

侧重于从专业角度给用户讲解泛科学的相关知识内容，要把复杂内容简单化，以此来引导用户阅读了解。

【写作方向与写作灵感】

写作方向：科学知识介绍

练习：摩擦力是一种怎样的力？为什么说我们的生活中缺不了摩擦力？

写作方向：科学实验演示

练习：为什么说光具有波粒二象性？证明这一科学理论的实验是什么？

写作方向：科学原理解析

练习：猴子爬树时摩擦力是向上的还是向下的？为什么？

写作方向：科学兴趣激发

练习：平行空间是真实存在的吗？

9.2.16　科学辟谣类

科学辟谣类是付费 IP 类小说写作题材的一种，其核心在于创作出与科学辟谣相关的知识付费内容。

【写作技巧】

侧重于从专业角度给用户讲解某些被误会的伪科学知识，并且给予用户正面解答，包括但不限于食品安全、养生安全、医疗安全等诸多与读者生活密切相关的科学知识。

【写作方向与写作灵感】

写作方向：食品类科学辟谣

练习：土豆发芽后还能吃吗？吃的话有什么风险？

写作方向：教育类科学辟谣

练习：胎教和早教对孩子的学习成绩真的有很大帮助吗？作为过来人，你有什么观点和意见？

写作方向：医疗健康类科学辟谣

练习：生病后真的只需要多喝热水就能够减轻病痛吗？你认为病人生病后第一时间需要做的是什么？

写作方向：科学思维培养

练习：打雷、下雨、刮风这些自然现象是怎样形成的？你能否为大家做一场简单科普？

9.2.17 养生类

养生类是付费 IP 类写作题材的一种，其核心在于创作出与养生相关的知识付费内容。

【写作技巧】

侧重于从专业角度给用户讲解健康的养生习惯、养生饮食，帮助读者了解与养生相关的知识内容，但需要注意：养生行业水比较深，我们只能去讲养生的理论实操，不建议大家推荐养生产品。

【写作方向与写作灵感】

写作方向：健康饮食建议

练习：糖尿病人的饮食怎样搭配更健康？

写作方向：疾病预防方法

练习：春秋两季早晚温差大，怎样穿搭能预防感冒？

写作方向：运动养生方法

练习：早上空腹运动好还是饭后运动好？

写作方向：养生基础方法

练习：有哪些小动作经常做，对健康有帮助？

9.2.18　健身类

健身类是付费 IP 类写作题材的一种，其核心在于创作出与健身相关的知识付费内容。

【写作技巧】

侧重于从专业角度给用户讲解健身的必要性以及普通人应该怎样健身。

【写作方向与写作灵感】

写作方向：健身计划制订

练习：你认为健身应该先练腿还是先练腰？还是先练其他部位？

写作方向：健身动作教学

练习：有哪些健身动作对新人来说非常有帮助，且上手就能实操的？

9.2.19　财经类

财经类是付费 IP 类写作题材的一种，其核心在于创作出与财经相关的知识付费内容。

【写作技巧】

侧重于从专业的角度给用户讲解投资理财、股票、债券等相关专业知识，不建议给读者推荐某些股票或引导用户抛售某只股票，会有法律风险。

【写作方向与写作灵感】

写作方向：股市行情分析

练习：你认为未来的股市行情会是怎样的？是高开低走还是低开高走，抑或是稳中有序？

写作方向：基金行情分析

练习：你认为未来的基金行情会是怎样的？是高开低走还是低开高走，抑或是稳中有序？

写作方向：投资预测指南

练习：你认为目前上市的企业中，哪一家更具备发展潜力呢？

写作方向：企业发展趋势预测

练习：你认为发展前景最好的前 10 个企业是哪些？

9.2.20　法律类

法律类是付费 IP 类写作题材的一种，其核心在于创作出与法律相关的知识付费内容。

【写作技巧】

侧重于从专业角度给用户讲解法律条文以及提供法律咨询和法律解读，但是要注意法律类需要持证上岗，如果不是法律相关专业的人，不建议大家从事内容创作。

【写作方向与写作灵感】

写作方向：法律基础规则解读

练习：生活中有哪些事儿看起来没事儿，但实际已经在违法的边缘了？

写作方向：法律案件分析

练习：你见过最令人惋惜的法律案件是什么？

写作方向：法律定向咨询

练习：捡到别人手机第一时间归还，能索要来回路费吗？

写作方向：法律风险防范

练习：作为普通人，是否有必要了解法律、熟悉法律法规？

9.2.21　医生类

医生类是付费 IP 类写作题材的一种，其核心在于创作出与医生相关的知识付费内容。

【写作技巧】

侧重于从专业角度给用户讲解病理学知识以及提供手术咨询等，和法律类同理，如果不是医生类相关的专业人员，不建议大家从事内容创作。

【写作方向与写作灵感】

写作方向：普通疾病防治方法

练习：突然流鼻血，怎样做能够及时止血？

写作方向：健康生活方式指导

练习：长期不吃早餐会给身体带来哪些危害？

写作方向：医疗技术咨询

练习：在治疗脑梗方面现阶段有哪些高新技术？

写作方向：医疗方案制定

练习：长期风湿病患者去哪一家医院诊疗恢复效果更好？

9.2.22 本地生活类

本地生活类是付费 IP 类写作题材的一种，其核心在于创作出与本地生活相关的知识付费内容。

【写作技巧】

侧重于从专业角度给用户讲解与本地衣食住行相关的知识内容，以及提供生活便利或其他便利的付费咨询。

【写作方向与写作灵感】

写作方向：本地美食推荐

练习：你们当地有哪些特色小吃？请推荐。

写作方向：本地娱乐推荐

练习：你们当地有没有休闲娱乐场所？请推荐。

写作方向：本地旅游推荐

练习：你们当地有没有 4A 级以上的旅游景点，你会为朋友推荐这个旅游景点吗？

写作方向：本地活动预告

练习：你们当地未来 3 个月有没有漫展活动？如果有请推荐。

9.2.23　本地消费类

本地消费类是付费 IP 类写作题材的一种，其核心在于创作出与本地消费相关的知识付费内容。

【写作技巧】

侧重于从专业角度给用户提供合理且性价比较高的消费类推荐，包括但不限于旅游景点推荐、特色美食推荐。

【写作方向与写作灵感】

写作方向：本地购物攻略

练习：在你们当地购物最便宜、性价比最高的超市是哪一家？

写作方向：本地优惠活动

练习：你们当地哪一家商场正在做打折促销活动？

9.2.24　心理类

心理类是付费 IP 类写作题材的一种，其核心在于创作出与心理相关的知识付费内容。

【写作技巧】

侧重于从专业角度给用户提供良好的心理疏导，解决心理问题，原则上也需要持证上岗，这样更有信服力。

【写作方向与写作灵感】

写作方向：心理自我认识

练习：人们有时会莫名烦躁，你认为这是正常的心理波动吗？

写作方向：心理健康普及

练习：当你的好朋友感到抑郁时，你会怎样疏导他？

9.2.25　影视解读类

影视解读类是付费 IP 类写作题材的一种，其核心在于创作出与影视解读相关的知识付费内容。

【写作技巧】

侧重于从专业角度给用户提供更好的影视观赏体验，对往期精品电影的优质解读往往能够让用户有很大收获。

【写作方向与写作灵感】

写作方向：影视主题思想分析

练习：你认为最有文化内涵的电影是哪一部？

写作方向：影视人物形象分析

练习：你最喜欢的电影明星是谁？为何喜欢他 / 她？

写作方向：影视艺术手法分析

练习：你认为哪一部电影在拍摄过程当中最注重艺术方面的展示？

写作方向：影视作品地位分析

练习：你最爱看的电影是哪一部？为什么喜欢这部电影？

9.2.26　影视宣传类

影视宣传类是付费 IP 类写作题材的一种，其核心在于创作出与影视宣传相关的知识付费内容。

【写作技巧】

侧重于从专业角度给电影制片方及相关单位做宣传，尤其是针对某些即将上映或正在上映的电影。

【写作方向与写作灵感】

写作方向：影视作品预告

练习：未来三个月，你最期待的电影是哪一部？

写作方向：演员阵容宣传

练习：你认为迄今为止演员阵容最豪华的电影是哪一部？

写作方向：经典剧情推荐

练习：你认为哪部电影的哪个镜头堪称经典？

【减压涂鸦】

这是一面涂鸦墙，根据当下的心情，随你胡写乱画。(如果没有任何限制，你希望看到一部什么题材的影片？)

9.3　付费 IP 类体裁的变现渠道拆解

为了便于大家理解，我给大家准备了付费 IP 类体裁的变现渠道表格（见表 9-2）和付费类写作的注意事项。

表 9-2　付费 IP 类体裁的变现渠道

平台	付费 IP 类变现渠道	变现优点	变现缺点
今日头条	专栏	平台流量大，读者群体有付费意识	图文变现模式基本走不通，视频变现模式又远不如抖音的学浪
百家号	专栏	平台流量大，读者群体有付费意识，且图文和视频等多种专栏模式均可变现。同时还可以通过百家模式对图文内容和视频内容进行投流，投流效果明显高于其他平台	视频专栏可能不如图文专栏的变现效果强，所以建议大家以图文为主；视频制作的时候以口播为主，或者是以口播 +PPT 授课模式为主

续表

平台	付费 IP 类变现渠道	变现优点	变现缺点
抖音号	学浪	付费公域平台中的最优选择，抖音的流量加持更容易刺激用户购买，且经过过去多年的知识付费市场筛选，已经培养出足够多的付费意识群体	同行业间容易存在恶性竞争，以及出现被同行背刺、恶意差评等情况
快手号	专栏	付费平台中相对不错的平台之一，快手的流量加持和磁力金牛的流量助推，很容易卖出平价知识付费产品来	最好做低价位的付费产品，高价位的付费产品变现难度大
小红书号	小红书店铺	付费平台中流量略逊一筹，但价位偏高的平台。以高客单价著称，每场直播围观人数可能连百人都不到，但只要话术足够精美，准备的课程质量足够高，就很容易卖出动辄几千甚至几万元的付费课程	目前最棘手的问题是个人账号，尤其是新手账号流量偏低，即便产品再好，也有可能因曝光率问题导致产品售卖受挫
视频号	视频号店铺	新兴平台，在该平台中售卖知识付费产品竞争压力相对较小，新人往往更容易出成绩	只能在视频号小店中做产品售卖，需要 ICP 备案，或通过其他渠道来挂载产品
哔哩哔哩	专栏	哔哩哔哩的用户黏度更高一些，在该平台做付费产品更吃香，且很容易通过售卖知识付费课程的方式来给自己做背书	平台抽点略高一些
知识星球	专业付费平台	在私域中很容易让读者产生信任度，知识星球多年来沉淀于做付费产品，口碑不错	只能在私域做知识付费售卖，公域很难产生实际效果
小鹅通等付费平台	专业高价位付费平台	在各大平台进行付费产品售卖时，几乎没有额外抽佣的情况，相对扣税点更低一些，适合企业或机构做知识付费产品，且能够链接到视频号、抖音号、快手号等多个平台，是所有付费平台中售卖课程服务最好、效果最显著、应用功能最多、性价比最高的平台	购买付费店铺的价格略贵一些，一般以专业版为主，专业版的市场价格即便算上折扣也不会低于 1 万元
荔枝微课等免费平台	专业平价位付费平台	在各大平台进行付费产品售卖时，几乎没有额外抽佣的情况，相对扣税点更低一些，适合个人或新兴公司去做，运营成本几乎为 0	很容易被荔枝微课的其他课程引流，没有自己的独立店铺

注意事项

- 原则上想要做好付费 IP 类体裁就必须有自己的私域，只在公域上售卖产品，即便能售卖出去，也很难做到后期的其他交付。

- 抖音、快手、小红书等平台的付费专栏，虽然是免费入驻的，但是会遇到诸多问题，包括但不限于平台抽成问题、审核难易度问题以及差评问题，所以如果我们在平台上使用平台给我们提供的小程序来创作付费产品的话，需要考虑这些问题能否规避。

- 付费平台中小鹅通性价比相对是最高的，一分钱一分货。小鹅通最大的优势在于可以同时在公域和私域进行直播，同时又能够和个人微信、企业微信链接，但有优势就有缺点，小鹅通费用较高，专业版一般每年都需要 1 万块钱以上，这就意味着我们必须保证知识付费内容每年带来的收益不得低于 10 万元。

- 付费平台中免费版本的有荔枝微课和千聊。这两个平台类似于我们租的档口，而不是租的门店，在这个档口上卖菜的不止我们一个，还有周边很多人，所以这就无法保证私域是否真的归属于我们，同时在上传课程到平台上时也会有诸多问题和限制，但非常适合普通人做内容创作，因为这两个平台最大的特点在于免费。尤其是对于零成本、低投资想要试水付费内容的作家来说，会更合适一些。